ちくま新書

イスラーム思想を読みとく

松山洋平
Matsuyama Yohei

1285

イスラーム思想を読みとく【目次】

はじめに

近年、「日本でもイスラームへの関心が高まっている」とよく言われるようになりました。しかし、「イスラーム」という言葉によって意味されるものはケースごとにまったく異なるようです。

宗教としてのいわゆる「イスラーム教」としての意味だけではなく、イスラームが支配的な地域や国、あるいはそこに暮らす人々のことを「イスラーム」という言葉で指し示すことも少なくありません。つまり、「イスラーム地域」や「イスラーム諸国」、「イスラーム教徒」など、さまざまな対象の略語として「イスラーム」という言葉が使われているのが現状です。

このような状況ですから、本書において、どのような意味で「イスラーム」という言葉を用いるのかをあらかじめ確認しておく必要があるでしょう。

本書で「イスラーム」という言葉を単体で用いる場合、それは宗教としてのイスラームを意味します。例外はありません。

そして、本書では特に、この意味での「イスラーム」の現代的な争点、つまり、現代におけるイスラームの宗教的言論の対立を読みといていきたいと思います。

ただ、一口に「宗教的言論の対立」と言ってもけっして単純なものではありません。イスラームの宗教的・思想的な対立線は、さまざまなレヴェルにおいて、さまざまなアクターのあいだに、潜在的にも顕在的にも存在します。

そこで本書では、現代のスンナ派ムスリムのうち、「穏健派」と呼ばれる人たちと「過激派」と呼ばれる人たちのあいだに存在する争点の解明に焦点を絞りたいと思います。「穏健派」と「過激派」のあいだの対立を、イスラームの論理――特に、イスラーム神学とイスラーム法学の観点――から観察するとどのような対立として描くことができるのか。それが、本書の主題です。

もっとも、イスラームの「穏健派」と「過激派」についてはすでに説明しつくされていると感じる人もいるかもしれません。「穏健派」と呼ばれる人たちは、「暴力を否定する、平和を愛する多数派のムスリム」。「過激派」と呼ばれる人たちは、「クルアーンの教えを誤って解釈した、少数派のテロリスト」。そのように理解している人は少なくないでしょう。

しかし、或る立場の人間が、政治的な目的を達成するために物理的な暴力を用いるか否か、あるいは、物理的暴力を用いるとしても、空の上から爆撃機で攻撃するのか、あるいは、ゲリラ的な戦法で攻撃するのかは、そのときどきの各々のアクターが置かれた政治的状況や対立する勢力との関係性に依拠するものです。また、ムスリム諸国の現状を見てみれば、ばくぜんと「穏健派」と呼ばれている人たちのほうが、「過激派」よりもより凄惨な暴力を行使している、というケースもあるのです。「穏健」であるとか、「過激」であるとか、「寛容」であるとか「非寛容」であるとか、「厳格」であるとか「柔軟」であるとか、そういった形容詞は、特定の宗教的な立場や思想の内容を説明するものではありません。

「穏健派」と「過激派」の思想的な争点は何か？
そもそも「穏健派」と「過激派」とはいったい何者なのか？
なぜ現代のムスリムは、「過激派」を「破門」し、自浄できないのか？

これらの疑問の答えに近づくために、本書は、スンナ派神学・法学における現代ムスリムの思想的状況を分析し、現代イスラームの思想的争点に迫りたいと思います。

この論点から描出される対立線は、日本の読者に対していまだ詳しく紹介されていないイスラームの多種多様な対立項のなかで、もっとも「基本的」なものです。

神学的・法学的なこの対立線が「基本的」なものであると考えるのは、この種の対立線が、千年前から続いてきたスンナ派の学問的論争の延長線上にあるものだからです。つまりそれは、さまざまな形で発生する現実の対立がどこで、だれに起ころうとも、あるいは、対立が顕在化していない状態であっても、つねにその背後に横たわっている問題だということです。そして、昨今のムスリム諸国の紛争においては、物理的暴力の伴う現実の政治的対立と重複する形で、この学問的対立が大きな意味合いを持っています。

たとえば、IS（イスラーム国）は、新しく支配下においた土地で、「聖者廟」を次々と破壊しています。そして、これに反対すれば殺されてしまいます。詳しくは後述しますが、この問題の背景には、神に祈るさいに、直接神に呼びかけるのではなく、預言者や聖者などの威厳を借りる、あるいは預言者や聖者に仲介を依頼することは許されるのか、という純粋に神学的な問題が争点として存在するのです。

本書は、そうした現代イスラームの思想的な対立、および、その現実の紛争との関係性について考えるためのひとつの手がかりとして書き留めたものです。

序章ではまず、日本におけるイスラーム理解においてもっとも大きな課題のひとつである、「信仰」、あるいは「ムスリムであること」の意味をめぐる問題について考えることをとおして、私なりの、ささやかなイスラーム入門としたいと思います。

第一章では、ムスリムはなぜ「過激派」を「破門」しないのか？　という基本的な疑問に対して、イスラームという宗教の構造的な特徴から回答することを試みます。

その後、第二章では、「過激派」と「穏健派」とは一体だれを指すのかという問題をとりあげ、第三章では、「過激派」と「穏健派」のあいだに存在する具体的な争点を見ていきます。

最後の第四章では、こうしたムスリム同士の見解の対立が活発化する前提となっている、現代イスラームの思想的な状況を概観したいと思います。

序章 日本のイスラーム理解——「酒がやめられないからムスリムにはなれない」？

最初に、「そもそもイスラームはどのような宗教なのか？」あるいは、「日本人が通常宗教と呼ぶものとイスラームはどう異なるのか？」という問題について考えたいと思います。

もしかしたら、この本を手に取ってくださっている読者のなかには、中東情勢や、イスラームをめぐる政治的な問題のほうに関心があり、「宗教」の話にはあまり興味がない、という人もいるかもしれません。

しかし、イスラームの宗教のありかたを押さえておかなければ、現代イスラームの争点について論じる内容もすべて不透明になってきてしまいますので、どうしてもこの部分は押さえておかなければなりません。

日本語でも、さまざまなアプローチからイスラームを解説する本がすでに書かれています。そういった既存の本に書かれているイスラームの基本的な情報を改めてここで説明しても仕方ありませんし、そもそも、イスラームの信条や宗教行為の全体像を解説することはこの本の目的ではありません。この章では、「ムスリムである（＝イスラームの信仰を持っている）とはどういうことか？」という問題について考えることで、イスラームという宗教の特徴を、日本人の宗教観との対比のなかで明らかにし、日本の読者への簡単なイスラーム紹介としたいと思います。

このアプローチからイスラームを紹介している邦書はあまりありません。ですので、これまですでにイスラームの入門書を読んだことがあり、「イスラームの紹介の話はもう十分だ」という人も、この章のあいだだけ、しばしお付き合いください。

私が特に「ムスリムであるとはどういうことか？」という切り口を選んだ理由をあらかじめ簡単に述べておくと、つぎのように言うことができます。

イスラームという宗教は、基本的に「信」の宗教です。すなわち、心のなかで何を信仰しているのか、ということが重要視されるということです。そのため、「正しい信仰」を持つこと、そして、この「正しい信仰」を維持することが、信者にとって、宗教生活のもっとも重要な目的となります。

しかし、日本の読者の多くは、イスラームと聞くと「なぜ豚肉を食べないのか？」とか「なぜ一日五回礼拝しなければならないのか？」とか、外面的な行為ばかりに関心を寄せる傾向があります。「厳しい戒律を持つイスラーム」などと紹介されることも少なくありません。

どうも、多くの人によって、イスラームは「戒律の宗教」、つまり、心のなかで信じることよりも、戒律を遵守することが重視される、決まり事の体系のようなものと考えられているようです。イスラームをそういったイメージで捉える人は、少なくないでしょう。「戒律の宗教」というイメージは、別の言葉で言い換えれば、心で信仰するのではなく、何かしらの宗教儀礼をおこなうことで何かを達成・獲得することができる、「術の体系」のようなものと表現することもできるでしょう。

それに対して、信条重視の宗教というのは、宗教儀礼よりも、心のなかで対象が真実・事実であることを信じることがより重要視される、「信条の体系」のような宗教です。[1]

イスラームは、「豚肉厳禁」「禁酒」「禁欲」「断食」「礼拝」のようなイメージからか、戒律重視の「術の体系」型の宗教と捉えられています。

そのため日本人は、イスラームについて考えるとき、「何を信仰しているのか？」、「来世で救済にあずかる条件は何だと信じられているのか？」、「創造主はどのような存在と信じられているのか？」といった疑問よりも、「なぜ豚を食べないのか？」、「なぜ一日五回礼拝するのか？」、「なぜムスリムの女性は髪を隠すのか？」という疑問をまず先に持ってしまいます。

外面に現れる宗教実践のほうが、イスラームの主要な側面だと感じられるためです。

一方、イスラームの教義では、「ムスリムであること」はイスラームの行為規範を守ること、イスラームのさまざまな宗教行為を実践することを意味するのではありません。後述のように、人は、心のなかに「信仰」を持つことでムスリムとなるのです。

「イスラームはよくわからない」と思っている日本の読者も、「術の体系」としてではなく、「信条の体系」としてイスラームを捉えなおすことで、イスラームという宗教の本質的な部分に目を向けることができます。

†「酒がやめられないからムスリムにはなれない」

ご存知の方も多いと思いますが、イスラームでは酒を摂取することが禁じられています。この話が話題にのぼると、「私は酒をやめるなんて無理だから、ムスリムにはなれないな」と言う日本人がいます。

もちろん、言った本人はなにもまじめにこんなことを言ったわけではないでしょう。ちょっとした思いつきで冗談を言っただけだと思います。しかし、こういった何気ない一言に、その人の宗教観が見え隠れします。

「酒がやめられないからムスリムにはなれない」との発言は、「酒を飲む人はムスリムではない」という考え方に支えられています。もちろん、突き詰めて考えたことはないでしょうけれど、そういう考え方が頭の片隅にある、あるいは、そういった考え方が無意識に自然なものと了解されているのではないでしょうか。

だからこそ、「イスラームでは飲酒が禁じられている」という命題を、「酒をやめることはムスリムであることの条件である」、「酒を飲む者はムスリムではない」という命題に自動的に変換しているわけです。

このことを、もうすこし一般化して言い換えるとこうなります。

行為についての決まり事を定めている宗教のメンバーであるためには、その行為規範を守らなければならない。あるいは、その行為規範に違反した者は、その宗教のメンバーシップをはく奪される、と考えていることになります。

「或る宗教の信者とは、その宗教の行為規範を実践している者のことである」という感覚です。

ついこのあいだも、とある席でイスラームとお酒のことが話題にのぼり、同席した人(Aさんとしましょう)と、こういう会話をしたことがありました。

Aさんが、「イスラームではお酒は禁止なんですか。あちらの国ではお酒は無いんですね」と言うので、私は、「イスラームではお酒は禁止されていますが、お酒は普通に売っている国が多いですよ。飲む人も多いですからね」と答えました。Aさんが「ムスリムじゃない人が飲むということですね?」と言うので、私は「いえ、ムスリムが飲むんですよ」と答えました。すると、すこし考えてから、Aさんは「じゃあ、お酒はイスラームでは許容範囲ということですね」と納得してしまいました。私はすぐに、「いえいえ、お酒を飲むことはイスラームでは禁止されているんです」と言ったのですが、Aさんはそれを聞いて、怪訝そうに「意味がわからない」という表情をしていました。

Aさんは、「イスラームでは飲酒が禁じられている」ということと、「ムスリムでもお酒を飲む人がいる」ということが、両立できる命題として捉えることができなかったと言えるでしょう。「或る宗教の信者とは、その宗教の規範を実践している者のことである」という意識があるため、「酒を飲むムスリムもいるということは、イスラームでは酒は許されているのだ」と、自然に思い至ったのです。

†何も実践しないムスリム

たとえば、こういうムスリムもいます。

彼は、ムスリムの両親のもとに生まれて、ムスリムとして育てられました。しかし、義務の礼拝をまったくしない。しないどころか、礼拝の仕方も知らない。ラマダーン月にも義務の断食をしない。お酒が大好きで、よく飲んでいる。もしかしたら、豚も平気で食べるかもしれない。髭を生やしているわけでもなく、日々の生活や外見から、彼がムスリムであると判断できる要素は何もない。

こういう人を見たら、みなさんはどう思うでしょう。「その人は、イスラームが嫌で、ムスリムをやめたんですね」と思うのではないでしょうか。

たしかに、そういう可能性もないわけではありません。しかし、当の本人に「あなたはムスリムですか？」と聞けば、「そうです、私はムスリムです」と答えるかもしれません。礼拝も断食も何もしないけれど、ムスリムの自覚はある。じつは、そういうムスリムは現実に五万といるわけです。

また、彼がムスリムであるという事実は、彼自身が勝手に主張していることではなく、これから説明するように、イスラームの教義からも正当化されることなのです。

イスラームを「戒律の宗教」「術の体系」のようにとらえている限り、このような人もムスリムであり、イスラームの教えからも彼がムスリムであることが肯定されるということは理解できません。

†酒を飲んでも豚を食べてもムスリム

「イスラームでは飲酒が禁じられている」。それはまったく間違いではありません。

その他にも、「イスラームでは豚を食べることが禁じられている」とか、「ムスリムの女性は髪を隠さなければならない」とか、さまざまな断片的な知識が日本でよく話題に出ます。それらも、まったく正しい命題です。

しかし、これらのことから、「酒を飲んだらムスリムではない」「豚肉を食べたらムスリムではない」と考えるとすれば、それはまったくの誤りになります。なぜなら、イスラームの基本原則として、「罪を犯してもその人の信仰は消えない」という考え方があるからです。

神によって禁止された行為を犯したとしても、その者の信仰が失われるわけではないというのがイスラームの考え方です。この立場は、ムスリムの八割から九割を占めると言われる最大宗派であるスンナ派の神学では定説となっており、この点について、スンナ派のあいだに見解の相違は存在しません。

今とりあげている酒の例で言えば、酒を飲むことはたしかに禁止されますが、ムスリムが酒を飲んだとしても、「そのムスリムが飲酒という罪を犯した」という事実があるだけです。そのことによって、酒を飲んだその人がムスリムであることが否定されるわけではありません。

また、これは単に「神の目から見てムスリムでなくなるわけではない」というだけではなく、社会的にも、酒を飲んだ人に向かって「そんなことをするなんておまえはムスリムではない」と言ったり、考えたりすることも禁じられます。

ですので、イスラームではたしかに酒や豚肉は禁じられますが、ムスリムは、酒を飲んでも豚を食べても信仰を否定されず、ムスリムであり続けます。

酒を飲んでも豚を食べてもムスリムなのです。

禁酒について言えば、ムスリムであることの条件は、酒を飲まないことではなく、酒を飲むことを神が禁じていることを心のなかで信じ、飲酒を合法な行為であるとみなさないことです。あくまで、心のなかでそれが神によって禁止された行為なのだと信じることのほうが、実際にその行為を慎むことよりも重要視されます。

反対に、たとえ、イスラームが命じているすべての義務行為を果たして、イスラームが禁じるすべての禁止行為を避けたとしても、それが神の命であると心のなかで信じず、ただの慣習だと考えれば、その人はムスリムではありません。

心のなかで神を信じることのほうが信仰の根本であるということです。


罪を犯しても信仰は消えないという考え方は、クルアーンなどを根拠に導き出されています。

たとえば、クルアーンにはつぎのような節があります。

「信仰した者たちよ、おまえたちに対して、殺された者たちについて同害報復が定められた」(クルアーン二章一七八節)[2]。

この節は、意図的な殺人を犯した者に対する罰則として同害報復を定めるものです。ここで神は、殺人を犯したと仮定された人間を、「信仰した者たち」と呼んでいます。つまり、殺人という大罪を犯した者であっても、信仰者の地位は失われないということです。

また、クルアーンにはつぎのような節もあります。

「またもし、信仰者たちのうちの二派が互いに戦闘をおこなったならば、おまえたちは両者のあいだを正せ」(クルアーン四九章九節)。

この節では、互いに戦闘をおこなう二つの集団がともに「信仰者」の範疇に含められています。ここで「戦闘をおこなう」と訳されている単語は、喧嘩をするとか、言い争うというニュアンスのものではなく、武器を持って攻撃を加えあうような場面で使われる言葉です。

戦闘をおこなっているということは、どちらか一方、あるいは両方共が、誤った根拠によって、同胞であるムスリムに物理的な攻撃をしかけていることになります。当然、場合によってはその攻撃の結果同胞を殺害するわけです。しかしそれでも、この節のなかでは戦いあう両方の集団が「信仰者」と呼ばれています。

また、つぎのようなものもあります。

「信仰した者たちよ、誠実な悔悟によって、アッラーへと悔悟せよ。きっとおまえたちの主は、おまえたちの悪行をおまえたちから帳消しにする」(クルアーン六六章八節)。

この節では、「信仰した者たち」に対して、彼らが犯した「悪行」からの「悔悟」が命じられています。この節からも、罪を犯した人間も「信仰者」であることがわかります。

†「信仰の宗教」としてのイスラーム

預言者ムハンマドはあるとき、「あなたの共同体のうち、アッラーに何も並べたてずに死んだ者は楽園に入る……たとえ姦通を犯しても。たとえ窃盗を犯しても」と教えたと伝えられます。別の伝承経路から伝わる文言では、最後にムハンマドは「……たとえ酒を飲んでも」とも言ったとされます。

このハディースから明白にわかるように、イスラームにおける救済の条件は、罪を犯さないことでも、功徳を積んだり修行に励むことでもなく、「信仰」を持っていることです。クルアーンには、「(楽園は)アッラーとその使徒たちを信仰した者たちに用意された」(クルアーン五七章二一節)とあり、楽園が「信仰した者たち」に約束されています。もちろん、善行をおこなえばそれだけ罪が帳消しになったり、与えられる報奨が増えたりするわけですが、楽園に入ることができるかどうかという点は、善人かどうかではなく、信仰したかどうかで判断されます。

つぎのハディースは、来世において、火獄に入った信仰者のための執り成しをムハンマドがおこなうときの描写です。

するとこう言われる。「行って、そこ（火獄）から、その心のなかに大麦一粒の重さの信仰を持っていた者を引き出しなさい」。それゆえ私（＝ムハンマド）は行って、そのようにし、そして戻り、かの讃美によって彼を称え、跪拝《きはい》し平伏すと、こう言われる。「ムハンマドよ、頭を上げよ。言え。それは聞かれる。求めよ。あなたにそれは与えられる。執り成せ。あなたの執り成しは聞かれる」。それゆえ私は言う。「主よ。私の共同体を、私の共同体を」。するとこう言われる。「行って、そこから、その心のなかに微塵、あるいはカラシナの重さの信仰を持っていた者を引き出しなさい」。それゆえ私は行って、そのようにする。そして私は戻り、かの讃美によって彼を称え、跪拝し平伏すと、こう言われる。「ムハンマドよ、頭を上げよ。言え。それは聞かれる。求めよ。あなたにそれは与えられる。執り成せ。あなたの執り成しは聞かれる」。それゆえ私は言う。「主よ。私の共同体を、私の共同体を」。するとこう言われる。「行って、その心のなかにカラシナの種一粒のよりもはるかに軽い信仰を持っていた者を火獄から引き出しなさい」。それゆえ私は行って、そのようにする。

この種のハディースは多数伝えられており、生前に信仰を持っていた者は、犯した罪の重さのためにいったん火獄に入ることがあったとしても、その「信仰」によって最終的に楽園に入ることが信じられています。

†信仰の構成要素

では、そもそもイスラームにおいて「信仰」とは何なのでしょうか。つまり、イスラームでは、「ムスリムであること」はどのようにして成立すると考えられているのでしょうか。

この問題は、イスラーム神学のなかでは「信仰の構成要素（アルカーン・イーマーン）」の問題として論じられます。

「構成要素」と言うと難しく感じられますが、要は、信仰というものを成り立たせているモノは何か、信仰の最低限の「原材料」は何か、ということです。

この話をする前に、「信仰」という言葉の意味をすこしだけ説明する必要があるかもしれません。なぜかと言うと、日本では「信仰」という言葉が「宗教」とまったく同じ意味で使われることがあるからです。たとえば、「イスラームという宗教」と言っても、「イスラームという信仰」と言っても、どちらも同じものを指していることが多いかと思います。

この場合、「信仰」という言葉は、その宗教が提示する信条や宗教行為全体を指しています。

一方、私がここで「信仰」と言っているものはそれとは異なります。

私が「信仰」という言葉で意味するのは、（神学的にはすこし大雑把な言い方になりますが）「個々の人間が、何かを真実と認め、それを受け入れること」です。

「宗教」と同義で用いられる「信仰」は、言ってみれば「信仰の対象」を指しますが、本書で「信仰」という言葉を使うときは、かんたんに言えば、「信じる気持ち」のことだととりあえずお考え下さい。「信仰」という言葉は次章以降にも出てきますので、このことを頭の片隅に置いていただければ幸いです。

それでは、イスラームにおける「信仰の構成要素」の話に戻ります。

イスラーム神学では、信仰の構成要素をめぐって三つの説があります（なお、ここでは本書のテーマであるスンナ派に話を限定します）。

説①：信仰＝「心における真実であるとの承認」

説②：信仰＝「心における真実であるとの承認」＋「言葉による告白」

説③：信仰＝「心における真実であるとの承認」＋「言葉による告白」＋「体による行為」

では、これらの構成要素、原材料はいったい何を意味するのか、ひとつずつ見てみましょう。

三つの説に共通している「心における真実であるとの承認」という構成要素は、心のなかで、対象を真実であると判断し、それを積極的に承認することを意味します。説①に立つ場合、「真実であるとの承認」を心に具《そな》えれば、それだけでその人に信仰が成立するということです。ですから、「ムスリムになるには信仰告白をしなければならない」という説明がイスラーム入門書のなかで書かれることがよくありますが、この説①に立つ場合は、信仰告白をせずとも、心でイスラームを真実であると承認するだけでその人は神の目から見て信仰者とみなされます。

説②と説③に共通している「言葉による告白」という構成要素は、言葉によって——唖者の場合は身振りや書面などによって——ムスリムであることを認めることです。具体的には、イスラームの信仰告白の文句である「アッラーの他に神はないと私は証言する。そしてムハンマドはアッラーの使徒であると私は証言する」などの言葉を二名以上のムスリムの前で言うことです。それによって、その人はムスリムとなります。なお、説①とは異なり、この説に立つ場合は、言葉で信仰を告白しなければ、心のなかに「真実であるとの承認」を具えたとしてもその人はムスリムとは言えない、ということになります。

説③でのみ信仰の構成要素とされる「体による行為」は、文字通り、礼拝や断食など、体によっておこなうもろもろの善行のことを指します。説③の立場をとる学者たちは、善行をおこなうとその分だけ信仰が増加する、また、悪行をおこなうとその分だけ信仰が減少すると考えるので、「体による行為」を信仰の構成要素に含めるのです。

ただし、説③における「体による行為」は、言ってみれば付属的な構成要素です。この説に立つ場合も、信仰の根本的な部分は「心における真実であるとの承認」と「言葉による告白」の二つによって成立すると考えられます。信仰のこの根本的な部分に、「体の行為」による増加分の信仰が加わっていく、というイメージです。ですので、説③は「イスラームで義務とされる行為をおこなわない者はムスリムではない」という立場ではまったくありません。

あらためてまとめてみましょう。

説①は、「心における真実であるとの承認」だけが信仰の構成要素、つまり信仰の「原材料」だとする立場です。ですので、「心における真実であるとの承認」だけによって信仰が成立すると考えます。説②は、信仰は「心における真実であるとの承認」だけでは成立せず、信仰が成立するためには「言葉による告白」も必要であると考える立場です。説

③は、「体による行為」もまた信仰を構成する要素であるとする立場です。スンナ派において、「信仰の構成要素」の問題については大きく分けてこの三つの立場があります。

このように、イスラーム神学における「信仰の構成要素」の問題を見てみると、三つに立場がわかれるものの、ある共通した了解があることがわかります。

その共通の了解とは、「行為の有無」は、「信仰の有無」とイコールで結ばれない、ということです。つまり、信仰があるかどうか、その人がムスリムであるかどうかは、その人の行為にもとづいて決まるものではないということです。

なお、行為と信仰が別のものであるとの考え方は、クルアーンの節などが根拠とされます。たとえば、クルアーンには以下のような節があります。

「アッラーの諸モスクは、アッラーと最後の日を信仰し、礼拝をおこない、喜捨を支払い、アッラーの他は恐れない者だけが差配する」（クルアーン九章一八節）。

「それゆえ、信仰しつつ、善をなした者は……」（クルアーン二一章九四節）。

この二つの節では、行為と信仰が別のものとして言及されています。

また、「信仰する者たちよ、屈礼し、跪拝し、おまえたちの主に仕え、善をなせ」（クルアーン二二章七七節）という節もあります。

この節では、「信仰する者たち」に対して崇拝行為や善行をおこなうことが命じられています。つまり、崇拝行為や善行をおこなう前から、彼らは信仰者であるということです。この節からもやはり、行為とは別のところで信仰が成立するという結論が導かれます。

†日本人は「心」重視?

本章の冒頭で、多くの日本人がイスラームを「戒律の宗教」のように捉えている、と述べました。例外はあるでしょうが、そのようなイメージを持っている人の数は、おそらく少数派ではないでしょう。

では、イスラームは法を持つ宗教であるため、特別そのように捉えられてしまっているのでしょうか。たしかに、そういう要素は大きいとは思います。しかし、よくよく考えてみると、原因はそれだけではないような気もします。

少なからぬ割合の日本人は、イスラームのみならず、そもそも、宗教全般に対してそのような態度で向き合っているとは言えないでしょうか?

つまり、多くの日本人は、宗教に対して、心のなかで「信じるか/信じないか」という態度で向き合うもの——つまり、「信条の体系」——としてではなく、何らかの効能を求め、術として実践するもの——つまり、「術の体系」——として接してはいないでしょうか？

このように言うと、「そんなことはない。日本人は宗教において戒律や行為を重視しない。日本人が宗教において大切にするのは〝心〟だ」と反論する人は多いでしょう。しかし、はたして本当にそうでしょうか？　あるいは、こう言ってもいいでしょう。「心を大切にする」という言葉で指し示されていることは、いったいどのようなことでしょうか？

読者のなかの多くは、新年になると神社に初詣に行くと思います。新年だけではなく、安産祈願、合格祈願、恋愛成就祈願など、そのときどきの願い事の種類に応じて、その願い事をかなえてくれるとされる特定の神社にお参りに行ったことがある人も少なくないでしょう。そうした神社には、その特定の願い事・必要に対して特に力を発揮する「神」が祭られていると言われます。また、人が亡くなれば、多くの場合は仏教の僧侶を呼んで葬式をおこない、「成仏」を祈願します。その他、死者のためにもろもろの法事をおこない、墓の前で手を合わせ、「仏となった」先祖に話しかけたり、願い事をしたりします。この他にも、日本人はじつにさまざまな宗教的な行事や行為に、一年をとおして関わっています。

一部の人は、神社に祭られた「神」の存在や、仏教の「極楽」の存在など、自分がかかわる宗教儀礼の意味や、その世界観を本当に信じていると思います。つまり、それを事実・真実として捉えている、つまり、信仰している人です。

しかし、そうではない人のほうが多いのではないでしょうか。大多数の人は、そういった神々の存在や、仏教で説かれる成仏や極楽を、「本当に信じている」わけではないでしょう。「そうすることが習慣だから」、「効果があるから」、「やらないと悪いことが起こるから」という理由で、さまざまな宗教儀礼に従事しています。

もちろん、「お守り」などの効能を本当に信じている人もいるでしょう。しかし、お守りというアイテムの背後にある、仏教なり神道なりの世界観を信じているのかと言えば、信じていない人がほとんどです。信じていないけれど、とにかく何となく「効能」を実感できるから実践する。「術」としての効能を信用し、宗教的な実践をする。そういう人も多いような気がします。

そういった人たちは、「それが事実・真実だと本当に信じているのですか？」とあらためて聞かれたら、当惑し、言葉に詰まってしまいます。それは、そういった宗教行為を、「事実・真実として信じるか／信じないか」というスタンスで向き合うようなものとは、そもそも考えていないからです。「信じるか／信じないか」という問題ではなく、とにかく、やることに義務感を感じている、あるいは、何らかの「効能」が発揮されるのを期待している。そういう人は多いでしょう。

これは、漠然と宗教に接している、いわゆる「宗教に無頓着な」一般的な日本人だけにあてはまる話ではありません。意識的に、何か「特定の宗教」に属している人のなかにも、つぎのように考える人がいます。

「自分が帰属している教団が説いている世界観、たとえば、神様だとか仏様だとか、霊的な世界については、ほんとうかどうかはよくわからない。それ以前に、よく知らないし、あまり考えない。けれど、教団の行事に参加していると、とても安らかな気持ちになれる。心が満たされる。だから、この宗教に参加している」。

「この宗教の人たちは、みんなとても優しくて、人格者だ。こんな人たちは会ったことがない。みんな目が輝いている。みんなといると、とても幸せだ。この幸せな気持ちをいつも味わっていたいし、私も皆のようになりたい。だから、私もこの宗教に入っている」。

こういった感覚は、自分が帰属する宗教を、「教義」「信条」の真実性とは関係のない要素で選択するものです。こうした傾向を持つ人は、自分が参加する宗教儀礼を執りおこなう宗教なり教団なりが提起する世界観が、事実・真実であるか否かを突き詰めて考えません。彼らがその宗教の「信者である」理由は、その宗教の世界観を信じているからではなく、その宗教が提示する宗教行事への参加をとおして、何かを得ることができる、つまり、何らかの「効能」を感じることができるからです。その「術」としての「効能」の高さ、信憑性を信頼して、「信者となっている」と言えます。

その「効能」は、商売繁盛や病気の治癒といった物質的なものに限られません。むしろ、「心の豊かさ」「魂の平安」のようなものを求める人のほうが多いでしょう。「日本人が宗教において大切にするのは“心”だ」と言ったときに意図されるのは、こういったことです。それは、「心のなかで“信仰”すること」が重視される」ということとはまったく意味合いが異なります。

こういった態度で宗教に向き合う人たちは、日本人のなかに非常に多く観察されます。彼らにとっては、或る宗教の「信者」とは、その宗教に形式的に帰属している人、あるいは、その宗教の宗教行為を実践している人のことであって、その宗教の提示する世界観を事実として信じ、受け入れている人のことではかならずしもありません。「その宗教の信者であるけれども、その宗教の世界観は信じていない」ということもあり得るわけです。

誤解を招かないように付け加えておけば、私は、そういった感覚が「良い」とか「悪い」とか言いたいわけではありません。私が注意を促したいのは、日本の少なからぬ人は、宗教を「信条の体系」としてではなく「術の体系」として捉えるという事実です。それは、宗教の理解において、内面の信仰よりも外的な実践を非常に重視するということにつながります。

そして、そういう傾向を持つ人が、キリスト教やイスラームのように、心のなかで何を信仰するのかが救済にかかわる本質的な問題となるたぐいの宗教を、自分の宗教観から何気なく観察してしまうと、その宗教にとって重要な点が何なのかをすっかり見落としてしまう可能性があるということなのです。

†「仏教とイスラーム、二つの宗教の信者になることは可能か」

私はときどき、「仏教とイスラーム、二つの宗教の信者になることは可能なんですか？」という種の質問を受けることがあります。

仏教徒でもあり、ムスリムでもある……。そんなことは、イスラームの宗教観からはあり得ないことです。

もちろんこのことは、「ムスリムである時点で、その他のいかなる属性をも持つことができない」ということを意味するのではありません。たとえば、ムスリムであり、同時に詩人でもある。これは両立できそうです。ムスリムであり、蕎麦好きでもある。これもいけそうです。ムスリムであり、靴職人でもある。これも、あり得ることでしょう。

しかし、ムスリムであり、同時に仏教徒である。これはあり得ないことです。

ただし、これが「あり得ないこと」と感じるのは、宗教を「信条の体系」として捉えて、「それを信じるか／信じないか」「その世界観を真実・事実と信じるか否か」という態度で宗教に向き合う種類の人に限定されます。イスラームは「信仰の宗教」ですので、当然、ムスリムはそのようなものとして宗教を捉えます。

ムスリムではなくても、宗教を「信条の体系」と捉え、心でそれを信じるか／信じないか、というスタンスで宗教に向き合う人にとっては、「仏教徒であること」は「仏教の信条を信じ、仏教の提示する世界観を事実・真実と信じていること」を意味し、「ムスリムであること」は「イスラームの信条を信じ、イスラームの提示する世界観を事実・真実と信じていること」を意味します。ですから、両者が両立するはずはありません。「仏教徒でありムスリムでもある」ことは、たとえば、バナナが同時にパソコンであることくらい、意味の理解できない事態です。

しかし一方で、宗教を何らかの「術の体系」として捉え、その実践によって何らかの「効能」を得るものとして捉える種類の人たちがいます。こういった人たちにとっては、「仏教徒であること」と「ムスリムであること」は、かならずしも両立しないこととは捉えられません。

なぜなら、この種の人たちにとって、「仏教徒であること」とは、仏教のなかで教えられる宗教行為を体験すること・実践することを意味し、「ムスリムであること」は、イスラームの宗教行為を体験すること・実践することを意味するからです。あるいは、「仏教徒であること」は、お寺に信者として登録されることを意味し、「ムスリムであること」は、モスクのような場所に信者として登録されることを意味すると考えている人もいるかもしれません。いずれにしても、その宗教の提示する世界観を信じるか否かという問題は、思考の外に置かれます。複数の宗教に帰属することは、たとえて言えば、漢方薬と西洋薬を併用するようなもの、あるいは、複数のフィットネスクラブの会員になるようなものであって、論理的に両立しえないものとは捉えられないのです。

宗教に対するこの二種類の態度のあいだでは、「或る宗教の信者である」ことの意味がまったく異なるため、宗教の理解の仕方に食い違いが起きてしまうことになります。

†「テロリストもムスリムなのか？」

さて、ここまで、大きくわけて二つのことをお話ししました。

ひとつは、日本の一部の人たちは、「或る宗教の信者とは、その宗教の規範を実践している者のことである」という宗教観をどこかに持っている、ということです。特に、イスラームのように法を持つ宗教についてはそういうイメージがつきまとい、なかなか離れないようです。また、日本人の多くに見られる、宗教を「術の体系」として捉える傾向が、この種のイスラーム理解に拍車をかけているのかもしれません。

この種の宗教観をそのままイスラームに当てはめてしまうと、「ムスリムとは、イスラームの行為規範を実践している者である」と考えてしまいます。ひいては、「ムスリムが或る行為をおこなっているということは、それはイスラームの教えで正当化されるということだ」と理解してしまうことにつながってきます。

もうひとつは、「罪を犯してもその人の信仰は否定されない」、「信仰の有無は、行為の有無とイコールで結ばれない」というイスラームの信仰観です。「ムスリムであること」は、イスラームの規範を遵守することではなく、心のなかに信仰心を持つことによって成立します。或るムスリムがイスラームの規範を守っていなくても、あるいは罪を犯しても、そのムスリムは信仰を否定されず、ムスリムであり続けます。イスラームにおける救済の条件が「信仰を持っていること」であることを考慮すれば、この点で、イスラームは信仰重視の宗教と認識することができます。

じつは、近年世界各国で発生している、ムスリムによるいわゆる「テロ」事件と、(宗教としての)イスラームとの関係性についてのわかりにくさにも、この二つの問題が関係しているのです。

ムスリムによる「テロ」事件の報道を見た日本人のなかには、つぎのような質問をする人が少なからずいます。

「テロをする人もムスリムなんですか？」

私自身、複数の人からこの質問を受けたことがあります。

この質問には、そもそも「テロ」という言葉の定義は何か？　という問題や、さまざまな事件の犯人を「テロをする人」とひとくくりに捉えているという問題もありますが、そういった細かいことはここでは無視しましょう。また、イスラーム神学・法学の観点からこの問いについて考えるのは、本章ではなく、また別の章にしたいと思います。

ここで着目したいのは、こういう質問をする人たちの宗教観です。

この問いに対して、どこかのとあるムスリムが「彼らもまたムスリムです」と答えたとします。そうすると、この答えを聞いた少なからぬ日本人が、こう感じるのではないでしょうか。

「このムスリムは彼らの行為を正当化した！」

「彼らの行為はイスラームで正当化されるということだ！」
「このムスリムもテロリストと同じ考え方の持ち主だ！」

しかし、すでにお気づきの読者も多いと思いますが、このような反応をするのは、「或る宗教の信者とは、その宗教の規範を実践している者をいう」という感覚が前提にあるからです。「信仰の有無」と「行為の正当性」を分けて考えられないため、「或る行為をする者がムスリムである」＝「その行為はイスラームで正当化される行為である」と考えてしまうのです。

この種の前提を持っている人がイスラームと「テロリスト」の関係を考えるとき、その人が受け入られる答えはつぎの二つだけです。すなわち、「彼らの行為はイスラームでは正当化されず、彼らはムスリムではない」との答えか、「彼らはムスリムであり、彼らの行為はイスラームでは正当化される」との答えです。

すでに述べてきたように、イスラームの考え方では、或るムスリムがおこなう行為が一〇〇%イスラーム的な観点から正当化されるとは限らないですし、罪を犯したり、間違った解釈をしたとしても、基本的にはムスリムであることを否定されるわけではありません。

コラム①　イスラームの根本教義

ですので、「彼らの行為はイスラームでは正当化されない。しかし、彼らはムスリムである」という答えも、この種の問いに対する回答としてあり得る選択肢のひとつなのです。一部の日本人から見れば、「テロリストもムスリムなのか？」という質問は、「テロ行為はイスラーム的に見て正当性を持つのか？」という質問と寸分違わぬ同じ質問に感じられるかもしれません。

しかし、ムスリムにとっては、だれかがムスリムか否かということと、その人のおこなった或る行為がイスラーム的に正当化されるか否かということはまったくもって別の問題であり、分けて考えなければならないことなのです。

このことは、ときどき日本人から聞こえてくる或る疑問とも関係してきます。

それは、ムスリムはなぜ、ＩＳ（イスラーム国）のような「テロリスト」を「破門」し、ムスリム社会を自浄しないのか？　という疑問です。次章では、この問題について考えてみましょう。

イスラームの根本的な教えは、「全世界を創造した神こそが真に崇拝に値する存在であり、被造物は、創造主以外のいかなる存在をも崇拝するべきではない」という、唯一神崇拝のメッセージです。

この創造主は、何かに創られた存在ではなく、無始なる存在です。つまり、永遠の過去から生きており、すべての存在の根拠となる存在です。「永遠の過去」というのは実際のところ比ゆであり、創造主は、「過去」や「未来」といった時間のなかに位置づけられる者とは考えられません。神は、時間の流れの外にいるからです。

創造主はまた、「ここ」にいるとか「あそこ」にいると指し示すことができる存在ではありません。つまり、創造主は、世界のなかのいかなる場所にも存在しません。時間だけではなく、空間の制限のなかに存在するのでもないということです。

わたしたち人間を含む、世界のありとあらゆるものは、この創造主が無から創造したものと信じられます。したがって創造主は、世界のあらゆるものに対して、非限定的な権能を持っています。被造物は、一瞬たりとも、創造主の恩恵無しに存在することはできないということです。

イスラームの教義のなかで最も重要なことは、こうした創造主こそが唯一の崇拝の対象、唯一の神であり、創造主ではないものは何であれ、崇拝し、服従するに値するものではないと信じることです。世界に存在するものはすべて創造主によって創られた被造物であり、神ではありえないからです。被造物ではなく、それらを創り、支配する者をこそ崇拝の対象とすべきだとイスラームは説きます。

これが、アーダム（アダム）創造以降、地上のあらゆる民に遣わされた使徒（人々に創造主の使信を伝えることを命じられた預言者）が信じた、「タウヒード」（唯一なる者とみなすこと）の教えです。使徒たちがもたらしたこの教えを受け入れ、創造主のみを崇拝する者を、アラビア語で「ムスリム」＝「帰依（イスラーム）する者」と言います。

創造主たる唯一の神の名を、アラビア語で「アッラー」（Allāh）と呼びます。「ラーイラーハイッラッラー」（lā ilāha illa-llāh）＝「アッラーの他に神はない」という言葉は、イスラームのもっとも重要な以上の信条を一言で表したものです。

▼さらに知りたい人のための次の一冊
松山洋平『イスラーム神学』（作品社）

第一章

ムスリムはなぜ「過激派」を「破門」しないのか？

「ムスリムはなぜＩＳのような組織を破門しないのか？」

こうした疑問をよく耳にします。実際には、政治家、アカデミックな学者、ウラマー（宗教知識人）など、世界各国のさまざまなムスリムの論者が、ＩＳのような「過激派」に対して日々批判をおこなっています。

しかし、これらのＩＳ批判の多くは、日本人の感覚からするといくぶんか「弱く」、「及び腰」な批判に聞こえるのかもしれません。たとえば、エジプト・イスラーム界の最高学府であるアズハル大学の総長アフマド・タイイブは、ＩＳを犯罪者・テロリストと糾弾すると同時に、「ＩＳに帰属する者たちを不信仰者とみなすことはできない」との内容を含む発言を公的に発信しています。

アフマド・タイイブがこうした立場を表明すると、カイロ大学学長のジャービル・ナッサールや、元エジプト共和国ムフティーのナスル・ファリードのような著名な識者も、アズハルの立場に支持を表明しました。

チュニジアのナフダ党党首で現代を代表するムスリム知識人のラーシド・ガンヌーシーも、「ＩＳを不信仰者とはみなさない」との声明を公表しています。彼の立場は、ナフダ党が党として公に追認しています。

日本国内のイスラーム諸団体もISを非難する声明を発表していますが、「ISはムスリムではない」とはっきりと表明している団体は限られています。

たとえば、二〇一五年一月に発生したISによる日本人人質事件のさいには、国内の団体がさまざまな声明を表明しました。つぎの言葉は、日本イスラーム文化センターが発表した声明の一部です。

> イスラームは、人に優しい、常識的な教えですが、教えを守らない者がいるのは残念なことです。テロ行為、非戦闘員の殺害などは、教えに反する行為です。このような誤った行為をしている信徒につきましては、間違いを犯していることに気付いて悔悟し、それ以上の間違いを重ねないように祈ると共に、このような誤った考えや行動が生まれないよう、日本国内における信徒間の啓蒙活動を継続して努めていきたいと思います。[3]

この声明では、ISが「信徒」と呼ばれ、それほど激しい糾弾はおこなわれていません。

イスラミックセンター・ジャパンは、「日本人の人質を殺すことについて、いかなる弁解の余地もなく、正当性もない」、「コーランの教えにも反します」[4]と述べ、日本ムスリム協会は「無実の人を殺害することは、イスラームでは厳しく禁じており許される行為ではありません」[5]と述べています。これらの団体の声明は、ISの行為の非正当性を主張していますが、IS構成員の信仰についてなんらかの判断をくだしているわけではありません。

東京ジャーミイは、「暴力を唯一の手段と見なすこの残虐なテロ組織の考え方は、イスラームの教えとも、イスラームの生み出した文明ともまったく相容れないものです」と比較的はげしい口調でISを非難していますが、やはり、不信仰者であるとまでは言っていません。

「彼ら（イスラム国を自称するテロ集団）は断じてイスラーム教徒ではありえません」[6]と述べ、ISをはっきりと「ムスリムではない」と言って批判したのは日本アハマディア・ムスリム協会でした。

日本アハマディア・ムスリム協会のこの立場は、「ISはイスラームの名を騙っているだけで、本当のイスラーム／一般のムスリムとは何の関係もない」という論調を形成するために適宜なものだったのでしょう。国内の複数のメディアで、この団体の声が「一般のムスリムの声」としてとりあげられました。しかし、――本書の主旨とは無関係ですのであまり深入りはしませんが――日本アハマディア・ムスリム協会という団体は、一九世紀にイスラームの教義を部分的に取り入れて生まれたアハマディーヤという新興宗教の団体であり、本来のイスラームに属する団体ではありません。ですから、この団体の声明を一般のムスリムの声としてとりあげるのはじつは適切とは言えません。

日本では、ある行為の正当性を否定するさいにその行為をおこなった人間の集団からの排斥を求めることがよくあります。

この感覚からすると、ISを本当に糾弾したいのであれば、彼らを「破門」し、「彼らはムスリムではない」「彼らは地獄に落ちる」「ムスリム失格である」と、ムスリム社会が宣言すべきであると感じるのではないでしょうか。

しかし、右で見たように、アズハル大学総長を代表とする多くの論者が、ISのような「過激派」を「テロリスト」と呼びその正当性を否定しつつも、同時に彼らをおなじムスリムと認める立場を表明しています。こうした彼らの言論は、どのような理路によるものなのでしょうか。

この章では、この問題にかんして、第一に神学的な側面から、第二にイスラームの制度的な側面から光を当ててみたいと思います。

1　イスラームにおける信仰と不信仰――神学的な背景

ムスリム社会はなぜ「過激派」を「破門」しないのか。この問題は、イスラームの神学的な観点から見たとき、「信仰」とは何かという問題、および、「逸脱」した行為がどのようなものと捉えられるのかという問題と関係してきます。

†罪人もムスリム

序章ですでに説明したように、スンナ派の神学においては、罪を犯したムスリムもムスリムであり、その信仰を否定されません。つまり、イスラームで禁じられる殺人や窃盗、姦通などの罪をムスリムが犯したとしても、それをもって「彼はムスリムではない」と判断することは間違っているのです。

その主な理由は、信仰を成立させる根本的な要素にあります。信仰の根本的な構成要素は、一説では「心における真実であるとの承認」のみ、別の説では「心における真実であるとの承認」と「言葉による告白」の二つであることは、序章で見たとおりです。

もし仮に、信仰というものが「正しい行為を継続すること」「まったく罪を犯さずにいること」によってはじめて成立するものだとしたら、身体による罪を犯した時点で、信仰が消滅することになります。

しかし、信仰が成立する本源的な場は心であり、身体ではありません。クルアーンにも、「それらの者は、アッラーが彼らの心に、信仰を書き記した」（クルアーン五八章二二節）とあるとおりです。したがって、身体が罪を犯したとしても、それによって心に成立している信仰の存在が否定されるわけではありません。

†赦しへの希望を失うことは大罪

クルアーンのなかでは、神が、悔い改める者の罪を帳消しにする慈悲深い存在であることが繰り返し強調されています。

「アッラーの慈悲に絶望するな。まことにアッラーは、もろもろの罪の一切を赦す。まことに彼こそは、よく赦す、慈悲深き者」（クルアーン三九章五三節）。

罪を犯した人について、「彼は地獄へ行く」と確信すること、つまり、悔い改めと赦しへの希望を失うことは、イスラームでは単なる誤りに留まるものではありません。それは、禁止される「大罪」に数えられ、場合によっては不信仰に値する罪であるとまで言われるのです。クルアーンでも、「まことに、アッラーの慈悲心に絶望するのは不信仰の民のみである」（クルアーン一二章八七節）と言われています。

言いかえれば、ムスリムがどのような罪を犯そうとも、その罪が赦される可能性があると信じることが義務となるのです。それは、人間の罪がどれほど深くなろうとも、神の慈悲はそれよりも深いのだと認めることでもあります。

†ムスリムはムスリムを呪わない

もちろん、罪を犯すムスリムの信仰を否定しないということは、そのムスリムの行為を放置したり、その行為に満足するという意味ではありません。

イスラームでは、悪を目にしたときは、可能な限りでそれを除去することが求められます。「可能な限りで」というのはすなわち、手（実行権力）によって阻止することができるのであれば手によって、手が無理であれば口（助言や諫言）によって、口が無理であればば心でそれを嫌うことによって、その悪に対処するということです。

しかしながら、その悪行をおこなう特定の個人であるムスリムを呪ったり、彼に害があるように祈ったりすることは、大多数の学者の見解では禁止行為とされます。ムハンマドの言葉としても、「信仰者は、呪詛者ではない」、「あなたがたは、アッラーの呪いによって、または彼の怒りによって、または火獄によって、たがいに呪いあってはならない」と伝えられています。

また、こういう話もあります。ムハンマドの生前、飲酒が禁じられた後に、何度も酒を飲んでしまうムスリムがいました。このムスリムは、酒をなかなかやめることができなかったのです。或るとき、別のムスリムがその酒飲みのムスリムについて「アッラーよ、彼を呪い給え」と口走りました。するとそれを聞いたムハンマドは、「彼を呪ってはならない。彼はアッラーとその使徒を愛しているのだから」と言って諫めたといいます。

少数派説では、場合によっては特定の個人を呪うことも許されるとも言われますが、いずれにしても、イスラームの教説では、どのようなムスリムに対してであれ良いことを祈願するほうが好ましいのです。罪を犯すムスリムがいたら、「彼が呪われるように」「彼に罰が下るように」と祈るのではなく、「彼が悔い改め、罪から立ち返るように」「彼の罪が許されるように」「彼が導かれるように」と祈るべきとされます。自分に害を与える者のためにそのように祈るのはたしかに難しいことですが、そういった場合は、「彼の害が私に及ばないように」「彼が私から遠ざかるように」と祈ることが良いと伝えられています。

†教友同士の殺し合い

そうは言っても、同胞であるムスリムを殺したりするような集団はやはりムスリムとは言えないのではないか。そう思う人もいるかもしれません。

しかし、そうした見方もイスラーム的とは言えません。一例として、ムスリムの模範的存在と信じられている「教友《きょうゆう》」（サハーバ）たちの時代の内乱に目を向けてみましょう。

教友というのは、ムハンマドとともに生きたムスリムのことを言います。教友は、ムハンマドのいわば「直弟子」です。ムハンマドと苦渋を共にし、彼に愛され、彼に信仰を認められた人たちです。したがって、彼らは後の時代のムスリムたちにとって模範的な信仰者であると信じられています。

しかしこの教友たちは、ムハンマドの死後、政治的な理由から対立し、大規模な内乱状態におちいりました。教友同士でいくつかの戦争がおこなわれたのですが、たとえば、四代目カリフに就任したアリー（彼の妻は、ムハンマドの愛娘ファーティマです）の軍勢と、タルハとズバイルが率いる軍勢（こちら側に、ムハンマドの愛妻アーイシャが与していました）のあいだで戦われた「ラクダの戦い」や、四代目カリフのアリーの軍と、シリア総督ムアーウィヤが率いる軍のあいだで戦われた「スィッフィーンの戦い」が有名です。

こうした内乱の展開を詳しく説明するのは本書の目的から外れますので省略しますが、これらの戦いのなかで模範的なムスリムとされる教友同士が殺し合い、じつに数万人の死者を出す結果となったのです。

スンナ派は、教友同士が交戦し多数の死者を出したこの事実について、「彼らの争いは私欲に駆られたものではなく、イスラームを正しく実践しようと努めた結果起こってしまったものである」、「たとえ解釈を誤ったのだとしても、彼らの言行はムスリムの模範である」、「彼らのあいだに発生した悲劇については、だれが悪かったのかなどを詳細につきつめることはせずに、事態を神に一任する」という態度をとります。「もっとも模範とすべき信者同士であっても、政治的に対立すれば殺しあうこともあるし、誤った解釈に陥り、殺しあうこともある」という事実を、人間の性《さが》として受け入れるのがスンナ派の態度です。

†叛徒もムスリム

こうした現実主義は、後に学問として体系づけられたイスラーム法学の領域にも引き継がれています。たとえば、イスラームの統治法においては、絶対善の「正義の官軍」が存在し、それに対抗する勢力はすべて「悪」である、という考え方はしません。

この話はまた後述しますが、「官軍」というのは、スンナ派においてはイスラーム法的に正統性が認められた「カリフ」の軍ということになります。カリフに反旗を翻す武装勢力は、「叛徒」(ブガート)と呼ばれます。しかし、「叛徒」もあくまでムスリムであって、異教徒とはみなされません。状況によっては「官軍」と交戦することもありますが、戦時中も戦闘終結後も彼らは法的にムスリムとして扱われます。また、これも詳しくは後述しますが、カリフの軍を別の武装集団が打ち負かし、その武装集団が全土を掌握してムスリムたちを従えれば、その武装勢力の長《おさ》が「正統」なカリフとしてイスラーム法的に承認されます。

「戦っているからどちらかが善でどちらかが悪である」という考え方は、イスラーム的な思考ではありません。戦いあう軍勢のどちらもが善(〝正しい〟解釈をしているとは限りませんが)ということもあるし、どちらもが罪を犯している場合もある、と考えるのがイスラーム法的な見方です。いずれにしても、ムスリム同士で戦っているからといっても、どちらかの信仰が否定されたりはしないということです。

†「異端者」と「不信仰者」の区別

間違ったことをしても信仰が否定されないのであれば、イスラームには「異端」という概念は存在しないのかというと、そういうわけではありません。

スンナ派にも、「異端者」（ムブタディウ）という概念があります。「異端者」は、身体において罪を犯す人について言うのではなく、スンナ派に包摂し得ない、誤った信条を奉じるイスラームの宗派や神学的立場にあてがわれる名です。

スンナ派以外の宗派と言えばシーア派が有名ですが、シーア派はもちろん、歴史上有名なハワーリジュ派やムウタズィラ派など、スンナ派に対立する信条を持つ宗派はすべてスンナ派から「異端」とみなされます。

注意が必要なのは、スンナ派においては、「異端」と「不信仰」はそれぞれ別のカテゴリーとして厳に峻別されるということです。つまり、ある宗派を「異端者」とみなすことは、その宗派を「不信仰」の宗派とみなすこととおなじではありません。「異端者」であっても、おなじムスリムとして扱われるということです。

「異端」であるからといって、中央から軍が派遣されて攻撃されたり、殲滅させられたりすることはありません。たとえ、その宗派がイスラームで禁じられる行為をおこなうことが想定されていても、実際に不法行為が顕されるまでは基本的に「放置」されます。

異端という言葉を聞くと、異端審問をおこなって拷問をしたり処刑したり……という場面を想像してしまいますが、イスラームの場合はそういったものはありません。

或る宗派に「異端者」という概念をあてがうことは、たしかに、学問的な文脈においてはその宗派を批判する目的でおこなわれることです。しかし同時に、現実の生活においては、この概念をあてがうことには、「正統」なイスラームであるスンナ派とは神学的には相容れずとも、その人たちがムスリムであることを承認する、という側面もあるのです。

†タクフィールはできうる限り避けられる

なお、「異端者」というカテゴリーをさらに超えて、だれかを「不信仰者」と判断することをタクフィールと言います。タクフィールという単語は、「不信仰者とみなすこと」「不信仰を帰すること」という意味を持ちます。

スンナ派では、特定の個人に対するタクフィールは、できうる限り避けるべきものとされています。じっさい、背教を宣言したりしたわけでもないムスリムについてタクフィールがなされることはめったにありません。

タクフィールが慎むべき行為であることは、ハディースのなかでよく言及されます。たとえばムハンマドは、「人が他の人を不信仰者と呼べば、両者のどちらかが不信仰者となる」と言ったと伝えられます。つまり、本当はムスリムである人を不信仰者とみなせば、その誤った判断をした自分こそが不信仰者になってしまうことになります。

もっとも、この種のハディースの「不信仰者となる」という表現は、本当に背教が確定してしまうのではなく、それがイスラームにおいて厳に禁じられる行為であることを比ゆ的に教えるもの、と解釈されます。

クルアーンのなかにも、たとえば「アッラーが下したものによって裁定をおこなわない者、それらの者こそは不信仰者である」（クルアーン五章四四節）という節がありますが、この節を文字通りにとると、アッラーが下したものによって裁定をおこなわない者はムスリムではない、ということになります。そうすると、現在のムスリム諸国の為政者などはおよそムスリムではなく背教者ということになってしまいますが、この節はそのように直接的には解釈されません。ここでの「不信仰者である」という言葉は、それがたいへん罪深い行為であることを強調するための表現だと解釈されます。

†ムスリムの行為は良い方向に解釈する

タクフィールをできうる限り避けるべきであることに関連して、「フスヌッザンヌ」という考え方があります。これは、「善い方向に解釈する」という意味で、ムスリムが同胞に接するさいに持つべきとされる指針のひとつです。

たとえば、知り合いのムスリムが、ビール缶の入ったコンビニ袋を手に家に帰っていくのを見てしまったとします。悪く解釈すれば、「ああ、あの人はビールを飲むんだな」と思ってしまう場面です――イスラームでは、酒を飲むことは禁じられています。しかし、本当にその人は自分でビールを飲むためにビールを買い、家に持ち帰ったのでしょうか。もしかしたらジュースと間違ってビールを買ってしまったという可能性もあります。あるいは、道に捨てられていた空き缶を拾っただけかもしれません（だとしたらそれは善行です）。あるいは、ビールに見えただけで実際はノンアルコールビールだったかもしれません。だれかのいたずらでビールを袋に入れられた、ということも、可能性としては完全にゼロとは言えないでしょう。ムスリムではない知人の頼みを断れずにビールを買ってきたということも考えられます。

こうした様々な可能性がある以上は、事態を悪い方向には解釈せず、「彼は自分でビールを飲むためにビールを家に持ち込んだ」とは判断しない、というのが「フスヌッザンヌ」です。

「種の不信仰」と「個の不信仰」

もちろん、タクフィールができうる限り避けられるからといっても、何でもあり、というわけではありません。限度を超えた教えを主張する宗派については、「不信仰の宗派」と判断することもあります。

たとえば、「極端派」（グラート）と呼ばれるシーア派の諸派がありますが、彼らは、自分たちの指導者を神、あるいは神性が宿った存在と考えるため、スンナ派からはもはやムスリムとはみなされません。

ここまで極端な例ではなくとも、たとえば八世紀のジャフム・イブン・サフワーンを学祖とするジャフム派という宗派がありましたが、スンナ派の多くの学者は、この派を「不信仰の宗派」と判断しました。

しかし、ジャフム派を「不信仰の宗派」と判断した学者たちが、この派に帰属した人たちを非ムスリムとみなし、背教者として扱ったかと言うと、そうではありませんでした。やはり、ムスリムとして接していたのです。

これはなぜかと言うと、特定の宗派や思想の「不信仰性」の判断と、その宗派や思想を奉じる個々人の「不信仰性」の判断とは、おなじではないからです。特定の神学的立場が不信仰であることを「種の不信仰」と言い、特定の個人が不信仰者であることを「個の不信仰」と言いますが、両者は明確に区別して扱われます。

この区別を設けることで、神学の学問的な見地から特定の信条の誤りや不信仰性について議論しつつも、日常生活においては、そうした信条を抱くムスリムとも共存することができるわけです。

†無知による免責

「無知による免責」という考え方も、特定の個人に対するタクフィールを回避する仕組みのひとつです。

「無知による免責」とは、文字どおり、禁じられた行為を犯した者や誤った信条を奉じる者が無知であった場合、その「無知」を理由に罪を免れる場合があるということです。たとえ、或る個人が不信仰や異端に分類されるに値する信条を奉じていたり、そうした行為をおこなっていたとしても、「無知による免責」の法理があるため、そのことによって即座にその人の不信仰・異端性が判断されるわけではないということになります。

†不信仰が判断される具体例

では、スンナ派において、或る人の不信仰が判断される条件は何なのでしょうか。

ここでは、スンナ派でもっとも主要の潮流であるアシュアリー学派の神学書を見てみましょう（なお、アシュアリー学派については第二章で詳しく説明します。とりあえず、スンナ派でもっとも主流の神学派と考えてください）。

同学派に属する著名な学者アドゥドゥッディーン・イージーの神学書『信条』には、以下のように書かれています。

そして我々は、キブラの民のうちのだれのことも、「知る者」であり「選ぶ者」であり「権能ある者」である造物主の否定を伴なう事柄、あるいは、多神崇拝、あるいは預言者性の否定、あるいはムハンマド——彼に祝福と平安あれ——の到来によって必然的に知られるところのものの否定、そして、五行のような完全な合意が成立していることの否定、そして、禁じられていることを合法とみなすこと以外によっては、不信仰者とみなさない。こうしたこと以外の〔逸脱した〕見解を持つ者は異端者であり、不信仰者ではない。それ（不信仰者とはならない程度の逸脱）には、擬人神観も含まれる。

冒頭にある「キブラ」という言葉は、ムスリムが礼拝をおこなうときの方向を意味します。つまり「キブラの民」とは、マッカのカアバ聖殿の方向に向かって礼拝をおこなう者のことを意味します。端的に言えば、イスラームに帰属意識を持つ者全般のことです。

イージーは、「キブラの民」、つまりムスリムを自称する者たちは、いくつかの例外を除き、その信条がどのようなものであれ基本的にムスリムとみなされる、と書いています。

その例外とは、

（1）創造主の否定
（2）多神崇拝
（3）預言者が存在するということの否定
（4）ムハンマドの到来によって必然的に知られる事柄の否定
（5）五行のような、ムスリムたちの完全な合意が成立している事柄の否定
（6）イスラームで明らかに禁じられていることを合法とみなすこと

です。この六つのいずれかの誤りを信条として奉じていれば、「キブラの民」であってもタクフィールされるということになります。

†「過激派」は「無辜の民の殺傷」を合法化しているのか？

以上に列挙したタクフィールの原因のうち、（6）に着目してみましょう。これがタクフィールの原因になる理由は、神が何らかの行為を禁じたにもかかわらず、それを許された行為だと主張することになるからです。つまり、神の判断を虚偽として否定し、それと

は反対の判断を自らおこなっていることになります。そのため、イスラームで明らかに禁じられていることを合法とみなすことは不信仰に値する行為とされるのです。もしかしたら、この(6)は「過激派」に当てはまるのではないか、と考える人もいるのではないでしょうか。

なぜなら、イスラームでは無辜《むこ》の民を殺傷することは明白に禁じられていますが、「過激派」は、一般市民や、政治とは無関係の人間を殺傷しているからです。この事実にかんがみれば、やはり「過激派」はムスリムではない、つまり、タクフィールに値するのではないか。こう考える人がいてもおかしくないでしょう。

しかし、こうした判断はあまりにもナイーブなものです。

じっさい、「過激派」と呼ばれるもろもろの集団のなかで、「無辜の民」の殺傷が合法であると宣言している集団を私は知りません。彼らはたしかに、「戦闘員」とは言えない市民や、無害なシーア派の住民などを殺害対象にすることがあります。しかし、それは彼らが「無辜の民の殺害は合法な行為である」と考えているからではありません。彼らは、そうした攻撃対象の人たちを「無辜の民ではない」と判断しているから、攻撃の対象としているのです。

ですから、正確な表現をもとめるのであれば、「過激派」は、だれが「無辜の民」でだれが「無辜の民」ではないかの判断を誤っている、と言うことは可能ですが、「無辜の民」の殺傷を合法化している、という判断をくだすのは間違っています。

こんなことを言うと、「そんなものは詭弁で、過激派に有利にものを考えすぎではないか」と言われてしまうかもしれませんが、けっしてそういうことではありません。イスラームの法学的・神学的な議論は、(当然ですが)事実を正確に記述し、論点を明確にしておこなわなければなりません。

日本の一般的な感覚では、「宗教」というと、感情論や直観でものごとが語られる領域というイメージがあるかもしれません。しかし、イスラーム法学もイスラーム神学も、ものごとの表面的な印象や感情論で議論を展開するものではありません。イスラームでは、法学も神学も、論理的で緻密な体系を持つ、客観的な学問分野です。

日本の言論空間では、クルアーンから適当な一、二節をひっぱってきて、「過激派はクルアーンを読んでいないことがわかります」とか、「彼らはムスリムではないのです」などと言う「識者」もいますが、そういった不正確な印象論でタクフィールをおこなうのは、あまりにもイスラーム法学やイスラーム神学の学問的な厳密さを無視したものと言えます。

†性急なタクフィールこそ「過激派」の誤りの最たるもの

じつは、「間違った解釈をしているから」、「ムスリムを殺しているから」などの理由で性急なタクフィールをすることは、まさに、「過激派」のムスリムがおこなっていることなのです。そしてそれは、「過激派」に対抗する「穏健派」の論客が、「過激派」の誤りの最たるものとして指摘していることでもあります。

既述のように、タクフィールはできる限り避けるべきものであり、確定的な根拠がなければおこなうべきではありません。「過激派」を批判する側が早急なタクフィールに走ってしまえば、「過激派」を批判しながらも、「過激派」とおなじ過ちを自らも犯すことになってしまいます。

ムスリムがおこなっている「過激派」への批判が、ムスリムではない人の目に「及び腰」に感じられる神学的な背景として、以上で述べてきたようなスンナ派の信仰論と、タクフィールを自重する教えを指摘することができるでしょう。

2　最高権威の不在の理由——制度的な背景

†スンナ派には解釈の最高権威はいない

ムスリムは教会組織を持ちません。

このことはしばしばイスラームの特徴として言及される点ですが、はじめて耳にする人は不思議に感じるかもしれません。

日本の感覚では、或るひとつの宗教というのはイコールひとつの「宗教団体」「教団」であって、正統な教義や団体の活動指針をさだめる意思決定機関が中央本部に存在するのが普通です。そして、その宗教の信者は、この団体に「登録」されている、というイメージがあります。仏教や神道をはじめ、日本に存在する諸宗教はおよそそのような形態をとっています。

しかし、イスラームにはそのようなものはありません。どこかの団体が、だれがムスリムであるかを登録して、管理しているということはありません。本人がイスラームを信仰している、そして、周囲の人がその人をムスリムと認識している。そういう日常的な事実があるだけです。

教会組織がないということは、必然的に、何が正統教義であるかを「決定」する組織、あるいは、カトリック教会でいう公会議のような手続きも存在しないということになります。

イスラームにおける「正統」な教義は、おのおのの学者によって学問的な領域で主張されるものです。したがって、個々の問題について逐一「唯一の正統説」が確立されるわけではありません。ですから、法学や神学の多くの問題において、複数の学説が併存することになります。つまり、或るひとつの問題について、こちらの学者はこう言っているけれど、あちらの学者は別のことを言っている、という状態がイスラームでは普通なのです。

もちろん、「唯一の正統説」が存在する場合もありますが、それは、なんらかの組織が会議をひらいて決定したのではなく、ムスリムの学者間の合意が（たまたま）成立しており、異論を唱えている学者がひとりもいない、という事実を示しているにすぎません。

†解釈権威の構造――ファトワー

このように、イスラーム（少なくともスンナ派）には、正統教義を決定する機関がありません。では、問題が生じたときに、ムスリムはいったい何に従っているのでしょうか。「ファトワーに従っている」というのがその答えになります。ファトワーとは、一言で言えば「学者が布告する教義回答」のことです。この概念について、すこしだけ説明しましょう。

イスラームにおいて、法規定や教義をさだめる根本的な典拠は「クルアーン」と「スンナ」の二つです。

クルアーンは神の言葉であると信じられていますから、これが典拠となるのは当然と言えます。

スンナとは何かというと、単純に定義すれば、「ムハンマドの言行」のことです。ムハンマドは、神の教えを正しく理解し、正しく現実世界に適用した理想像と信じられています。ムハンマドが発した言葉やおこなった行為には、イスラームの正しい教えが反映されていると信じられます。ですから、彼の言行は、クルアーンとともにイスラームの教義を決定する典拠となるのです。

「では、ファトワーなどなくとも、クルアーンとスンナに従えばいいのではないか？」と思う人もいるかもしれません。それはまったくもってそのとおりなのですが、一般信徒ひとりひとりが、日常のありとあらゆる問題についてクルアーンとスンナを参照して答えを見つけだすのは不可能なことです。

何より、クルアーンのなかには「それゆえおまえたちは訓戒の民に尋ねよ。もしおまえたちが知らないならば」（クルアーン一六章四三節）とあり、わからないことがあれば知識を持つ者に尋ねるよう命じられています。

ですので、宗教的にどのように判断するべきか分からない問題が生じたときには、自分の直観や趣向にもとづいて行動するのではなく、知識を持つ者に尋ねる、というのがイスラームの基本的な方針になります。

ファトワーとは、そういった疑義のある問題について学者層に尋ね、その質問に対して与えられた教義回答のことです。

†ファトワーの複数性と非拘束性

ファトワーは、おなじひとつの問題について複数布告されることがよくあります。さきほど述べたように、スンナ派には解釈の最高権威は存在しませんので、特定の人間が布告したファトワーが絶対の権威を持つということはありません。また、時間的に先に布告されたファトワーが、後から布告されたファトワーよりも優先されるということにもなりません。あるいは、人気投票がおこなわれて、支持者の多いファトワー以外が破棄されるということもないのです。

ですので、たがいに異なる見解を含む複数のファトワーが、並立して存在する状態となります（もっとも、現代に入ってからは、政権に都合の悪いファトワーが布告されるのを防ぐ目的で、政府がファトワーを布告する権限や、布告されたファトワーの効力などを管理する例もありますが、それは原則から離れた例外的な状態です）。

一般信徒は、こうした複数のファトワーのなかから、自分の好きなものを採用してよいことになっています。

†ファトワーの例

一例として、「酒を人工的に酢に変質させたもの」を飲むことが許容されるか否かという問題について、異なるファトワーが併存する状態を見てみましょう。

序章で触れたように、イスラームでは酒を飲むことは禁じられています。しかし、酢は人を酔わせる飲み物ではありませんので、摂取することが許されています。ただし、酢は酢でも、酒になんらかの物質を混入させたり、人工的な加工をほどこして酢に変質させたものについては見解がわかれています。

サウジアラビアの学術・ファトワー常任委員会は、「酒を人工的に酢に変質させたもの」

を飲むことは許容されないというファトワーを布告しています。[7] 根拠としては、親から相続したもののなかに酒が含まれていた孤児について質問を受けたムハンマドが、それを捨てるよう命じ、（その孤児のために）その酒を酢に作りかえようという提案を拒否した旨の伝承があげられています。なお、この立場は古典的にはイブン・ハンバル学派の多数派と、シャーフィイー学派の学説です。

一方、世界的に著名な法学者であるユースフ・カラダーウィーは、酒から人工的に生成された酢を飲むことは許容されるというファトワーを布告しています。この問題について彼が依拠しているのはアブー・ハニーファ学派の立場です。アブー・ハニーファ学派では、飲酒を禁じる理由がその酩酊作用にある以上、酢に変質して酩酊作用が消失したのであれば、それが自然に酢に変わったものであれ人工的に変えられたものであれ違いはない、と論じられます。[8]

カラダーウィーのファトワー集が収められた邦書

このように、この二つのファトワーは、おなじ問題について異なる結論を示しています。しかし、どちらのファトワーが正しいのかを決定するような人間や機関は存在しません。酒から人工的に酢に変えられたものを禁じるファトワーを採用する人は、そういった酢を飲むのを個人的に避けており、他方、それを許容するファトワーを採用する人は、そういった酢であっても気にせずに飲んでいるというわけです。

なお、複数のファトワーからひとつのファトワーを選択するさいには、「自分の知識の範囲内で、いちばん正しいと感じられるファトワーを採用すべきである」という説もあれば、「そもそも、一般信徒は典拠の正しさを判断できないからファトワーを請求しているのであって、どのファトワーがより正しいかを判断することはできない（仮に判断したとしてもまったく根拠はない）。そのため、より正しいとは感じられないファトワーであれ、どのファトワーを採用しても構わない」という説もあります。また、ファトワーを採用するさいに、そのファトワーで提示された回答の典拠が何であるかをさらに尋ねることができるという考え方と、典拠が示されていなくても従うべきであるという考え方があります。

いずれにしても、ひとつのファトワーが拘束力を持つということにはならず、複数のファトワーが併存し、信徒個々人は自分の好みのファトワーにしたがうことになります。

昨今のムスリム世界の混乱や、スンナ派とシーア派の対立構造のなかで、スンナ派のコンセンサスがどこにあるのかが見えてこない、集団としての摑みどころがないと感じられるのは、こうした解釈権威の構造も背景にあると言えます。

解釈が統一されないということは、スンナ派はバラバラになってしまうのかというと、そうではありません。最高権威が存在しないのは、あくまで宗教的な問題の解釈についての話です。

†政治的権威――カリフ

政治的な領域では、ムスリムを統べる「カリフ」（後継者）という職位が存在します。カリフは、「イマーム」（指導者）や「信仰者たちの長《おさ》」などの名でも呼ばれますが、混乱しますので本書ではなるべくカリフで統一したいと思います。

カリフという単語は「後継者」という意味を持ちます。だれの後継者かというと、ムハンマドの後継者です。ただし、ムハンマドから受けついでいるのは政治的な権力だけであり、預言者性や、宗教的な領域における権威はいっさい持っていません。

つまりカリフとは、ムスリムを政治的に統治する権限を持つ、ムスリムの長のことです。このように言うと、「王」や「皇帝」のようなイメージがわくかもしれません。しかし、カリフはその支配地域でイスラーム法を執行する義務が課された存在でもあります。ムスリムの理解では、イスラーム法は神が定めた法ですから、カリフと言えど自分勝手に法を改変することはできません。その意味でカリフは、「王」や「皇帝」とはまったく異なる概念です。カリフの権限は宗教的な解釈の領域に及ぶものではなく、行政や政策決定の領域に限定されます。

スンナ派では、ムスリム全体、あるいはムスリムの重鎮たちは、カリフを擁立する義務を負うものとされます。カリフ位の擁立が義務であることは、スンナ派の四大法学派（アブー・ハニーファ学派、シャーフィイー学派、マーリク学派、イブン・ハンバル学派）、および、二大神学派（アシュアリー学派とマートゥリーディー学派）の一致した見解です。

カリフは、同時代にひとりしか存在してはならないと定められています。巨大な海や通行不可能な山脈などで、物理的にムスリムの支配地域が分断されていない限り、複数のカリフが同時代に併存することは許されません。なぜなら、行政を管轄し、政策を決定する権力者が複数存在すれば、ムスリム社会が混乱に陥ってしまうからです。

もし複数の人間に対してカリフ位が締結されれば、時間的に先行したほうが正統なカリフとみなされます。遅れてカリフに選出されたほうは、退位するよう説得され、それに応じなければ討伐されます。

では、カリフはどのようにして決まるのでしょうか。

カリフが選出されるプロセスは、大きくわけて三つあります。

第一は、前任のカリフによる後任者の指名です。スンナ派の初代カリフは教友のアブー・バクルでしたが、彼はウマルを後任に指名し、アブー・バクルの死後ウマルが二代目カリフに就任しました。

第二は、ムスリムの重鎮たちがカリフを選出し、彼に「忠義の契約」（バイア）を締結する方法です。どの程度の数の重鎮の合意があればカリフが決定するのかという点については、学者間に見解の相違があります。なお、カリフを選出する資格を持つと認められた重鎮たちは、専門用語で「解き結ぶ者たち」（カリフ選出有資格者）と呼ばれます。

第三は、武力による征服です。つまり、あるムスリムが、ムスリムの支配地域を武力で制覇し、ムスリムたちから「信仰者たちの長」とみなされるようになったのであれば、その人間がイスラーム法上「正統」なカリフとみなされるということです。

†覇権のカリフの「正統性」

武力による征服によって「正統」なカリフが生まれるというのは、たとえばこういうことです。

或る人が、「解き結ぶ者たち」の選出と任命によってカリフになったとします。現代日本の価値観で表現すれば、比較的「民主的」に選ばれたカリフが出現したということです。その後、どこかの軍閥の長（彼もムスリムです）が、ムスリムの支配地域を次々と征服していき、ついには全土を手中におさめ、「民主的」に選ばれた先のカリフを排除し、実権を掌握し、ムスリムたちを従わせたとします。そうすると、この新しい権力者が、イスラーム法上「正統」なカリフとなるのです。

この考え方には、選出手続きの正当性よりも、法の秩序が行き届き、公共の平穏が保たれた状態の維持を優先する、スンナ派法学の現実主義的な志向が如実にあらわれています。手続きの正当性を最優先すれば、「民主的」に選ばれたカリフだけが正統性を持つことになるため、新しい統治者を排除するために泥沼の内戦に突入することになります。そうすれば、本来、統治者が保全するべき人々の生命や財産がさらに喪失される結果となります。ですから、イスラーム法学では、法秩序と公共の平穏の維持を優先し、覇権のカリフの正統性を承認するのです。

†カリフは罪や圧政で廃位されるか

カリフが罪を犯したり圧政を敷いたりする場合、それを理由にこのカリフを廃位することができるのか、という問題があります。

このような問いが成立する背景として、すこしイスラームの刑法についての説明が必要かもしれません。日本のような法制度では、特定の罪を犯すと刑務所に収容され懲役を科せられますので、何らかの役職に就いている人が職務を継続することはできないでしょう。しかし、イスラームの刑事罰は、鞭打ちや同害応報刑のような身体刑や、特定の罰金を支払う財産刑によって、基本的には短時間で執行されます。ですから、刑事罰を科せられた人でも、物理的に職務を継続することが可能なのです。

スンナ派の多数派説では、カリフは、罪や圧政を理由に廃位されません。歴史上、多くのカリフは圧政者であり、飲酒その他の大罪を犯す者もいましたが、スンナ派の高名な学者たちはそういったカリフにも従い、彼への反逆を許容しませんでした。

ただし、異説もあります。一説では、内戦を誘発しない限りにおいて、罪や圧政を理由にカリフを廃位することが許されると言われます。あるいは、罪や圧政を理由に彼を廃位することが、内戦を誘発しない限り義務であるとする学者もいます。または、ただの圧政ではなく、ムスリムたちの状態を大混乱に陥れ、宗教にかかわる事柄に問題をもたらすような暴政をなすのであれば廃位できるとも言われます。そのさい、内戦を誘発させてしまうものの、廃位しなければそのカリフのせいで害悪が拡大する場合には、より害の程度の小さいほうを選択すべきであると言われます。

この、カリフの素行の悪さと廃位の問題は、「過激派」と「穏健派」のあいだの対立とも部分的にかかわりがあります。

たとえば、二〇一四年六月に、「イラクとレバントのイスラーム国」が組織名を「イスラーム国」(=IS)に改め、同組織のメンバーであるアブー・バクル・バグダーディーのカリフ就任を宣言しました。

ただし、大多数のムスリムは彼のカリフ位を認めていません。「それはそうだろう。あんな悪事をはたらいている人間が正統なカリフなわけがないだろう」と思う読者もいることでしょう。

しかし、いま述べたとおり、カリフについては、その者の行為や政策がイスラーム的に正しいのか否かという点は、その者のカリフ位の法的有効性の有無とかならずしも直結するわけではないのです。正当に選ばれたカリフが、その後、カリフ位を失効しない程度に、残虐で誤ったことをなし、それを人々に命じることはありえることです。

誤解のないように申し添えておくと、このように言うことで私は、ISのアブー・バクル・バグダーディーのカリフ位が有効だと言っているのではありません。

私が強調したいことは、「善人=正統」、「悪人=非正統」と単純にカテゴライズし、「何某は残虐であるから、そのカリフ位は有効ではない」と語れるほど、イスラーム法学・神学の議論は単純なものではないということです。

†「官軍」の不在

さて、何ページかにわたってカリフについてお話ししましたが、読者のなかには、「いま現在のカリフはいったいどこのだれなのだろう」と思った人もいるのではないでしょうか。じつは、いま現在、ムスリムの多数派にその正統性が認められたカリフはひとりも存在しません。カリフは一九二四年に不在となり、その後現在まで、カリフ不在の状態が続いています。

この年までカリフ位に就任していた「最後のカリフ」は、オスマン朝のアブデュルメジド二世という人でした。この年よりも前に、すでにオスマン朝は実行権力を反逆軍の「トルコ大国民議会」に牛耳られ、事実上滅亡していたのですが、名目上のカリフの地位は残っていました。しかし、「トルコ大国民議会」は、一九二三年に世俗主義国家であるトルコ共和国の建国を宣言、翌一九二四年には、象徴的な存在としてのカリフ位も廃止し、カリフ一家を国外に追放します。こうして、名実ともに、カリフ制は完全に廃止されてしまいました。

「最後のカリフ」アブデュルメジド二世
出典：Library of Congress

しかし、カリフ制は、イスラームの教義として廃止されたのではありません。アブデュルメジド二世の廃位は、当時のトルコ共和国を建国した勢力が政治的目的のためにおこなったことです。

前述のように、カリフの擁立が義務であることはイスラーム学では(今現在も)定説ですので、ウラマー層は、本心ではカリフの擁立を望んでいるはずです。少なくとも、ひとりのカリフが統治して、そのカリフにムスリムたちが従う、という状態が理想的な状態であると多くのウラマーが考えているのは間違いありません。しかし、カリフ制の復興をめざす運動は、ムスリム諸国の為政者に規制されており、カリフがいない状態が続いています。

カリフが不在であるということは、現在のムスリム諸国にはムスリムの「官軍」は存在しないということになります。つまり、イスラーム法的にたしかな正統性を認められた統治者はいないということです。

もっとも、ムスリム諸国には大統領や王や首相がいます。しかし彼らは、本来、イスラーム法上ムスリムが従わなければならないとされる統治者＝カリフではありません。イスラーム法の原則から言えば、彼らは(悪く解釈すれば盗賊の集団とも言えますが)特定地域を実行支配する武装勢力にすぎないと言うことも可能なのです。

†「みなし官軍」の時代

しかしながら、近現代のウラマーの大多数は、「各地の実効支配者を排し、カリフをふたたび擁立する」という選択肢をとることはせず、「この時代においては、ムスリムはその地域の実効支配者に従うべきである」と考えました。

実効支配者を排するべきだと主張したりすれば、圧倒的な軍事力を持つ各地の実効支配者と、軽装備の一般市民とが交戦する、ムスリムの支配地域全土を巻き込んだ悲劇的な内戦を誘発してしまうからです。

つまり、イスラーム法によって統治される空間を実現するために大規模の犠牲を払うよりも、このまま実効支配者の支配に服し、できる範囲でイスラーム法の施行を目指し、為政者の許可する範囲で国民をイスラーム的に教導することに、より大きな法益があると考えたのです。

こうして、ムスリム諸国のおのおのの実効支配者が、「みなし官軍」と考えられるようになりました。この状態は、こんにちまで続いています。

本来、イスラーム法学やイスラーム神学の古典では、「ムスリムは、神の教えに反することを命じられない限り、カリフに従わなければならない」と教えられるのですが、現代のムスリム諸国では、「ムスリムは、政府に反逆してはならない」と教えられるようになったのです。

もっとも、この状態を良しとせず、実効支配者であろうとも、イスラーム法を施行しない限り討伐すべきであると考える人たちもいます。それが、イスラーム主義の反政府武装勢力、俗にいうイスラーム「過激派」です（くわしくは、また章を改めてお話ししたいと思います）。

仮にこんにち正統なカリフが存在すれば、武装蜂起する「過激派」に対しては、「カリフに反逆することはイスラームでは禁じられる」と説くことができます。つまり、官軍と叛徒の区別が明白となるのです。しかし、「みなし官軍」の体制下では、本当の意味でイスラーム法的に従うべき「官軍」がだれなのかが不明瞭になっています。

現行のこのような制度的問題も、「穏健派」による「過激派」批判がキレを欠く背景にあります。

ウラマーは「（みなし官軍である）政府に従え」と大衆に説くわけですが、大衆もそれほどバカではありません。「不正にまみれた、暴政をふるう政権に、イスラーム的な正統性があるのか」、「ウラマーたちは、政権に脅迫されて政権への恭順を説いているだけかもしれない」、「たしかに、平時では従ったほうがいいかもしれないが、潰せるときには潰してしまったほうがいいのではないか」などと考える人がでてきてもおかしくはない雰囲気があるわけです。

†「礼拝を許している限り、実効支配者に従う」説

ところで、ムスリムは実効支配者に従わなければならないというこの教説は、いわゆる「穏健派」の論客が、「過激派」を批判するときに持ち出す主要なポイントのひとつになっています。

ひとつ、具体的な事例を見てみましょう。

「反ＩＳ公開書簡」の公式ウェブサイトのトップ画面。洗練されたデザインが目を惹く。

先にも言及しましたが、二〇一四年六月、ＩＳが、同組織のメンバーであるアブー・バクル・バグダーディーをカリフに選出したと宣言し、全世界のムスリムに対して忠誠を求めました。

この動きに対して、各国のウラマーや知識人は即座に反対の声をあげました。こうした反ＩＳの言論は、現在までじつにさまざまなレヴェルで提示されています。

そのなかでも特に注目に値するのが、ＩＳがカリフ制再興を宣言した二〇一四年同月に公開されたひとつの書簡です。

この書簡はインターネット上に公開されており、二〇一七年現在、アラビア語や英語、フランス語など、計一〇カ国語で本文を読むことができます（http://www.lettertobaghdadi.com）。書簡の末尾に付された署名欄には、世界中の一二六名の著名なムスリムの学者が名を連ねています。おそらくこの書簡が、「穏健派」の陣営からもっとも足並みをそろえた形で提出された反IS論と言えるでしょう。

この書簡は、ISが犯している二四の解釈の誤りを指摘し、ISのメンバーにむけて悔悟を促す構成になっています。その二四の項目はつぎの通りです。

（1）イスラーム法基礎学で定められた条件をそろえた法学者にしかファトワーを布告することは許容されない。また、法の典拠となるテクストの全体を考慮することなく、クルアーンの一節だけを恣意的にとりだして、イスラーム法のなんらかの規定を導くことは許容されない。
（2）アラビア語に習熟することなく、イスラーム法の判断をおこなうことはできない。
（3）イスラーム諸学を考慮することなく、イスラーム法にかかわる問題を過度に単純化することは許容されない。
（4）（神の唯一性や礼拝の義務などの）必然的に知られる事項をのぞく領域では、見解の相違が許される。
(5)現実の状況を無視することは許容されない。
(6)無辜の民の命を奪うことは許容されない。
(7)「使節」の殺害は許容されない。したがって、ジャーナリストの殺害は許容されない。
(8)ジハードは防衛的なものである。またそれは、イスラーム法上正当な原因、方法、目的にもとづいておこなわれるものである。
(9)不信仰を明言した者をのぞき、タクフィールをおこなうことは許容されない。
(10)キリスト教徒、あるいはその他の「啓典の民」を害することは許容されない。
(11)ヤズィード教徒は「啓典の民」とみなすべきである。
(12)イジュマーウ(ムスリムたちの合意)によって廃棄されたのちに、奴隷制を復活させることは許容されない。
(13)宗教を強制することは許容されない。
(14)女性の権利を否定することは許容されない。
(15)子どもの権利を否定することは許容されない。
(16)法定刑の執行は、公正と慈悲が確保される手続きによる以外は許容されない。

(17)拷問は許容されない。
(18)遺体の損壊は許容されない。
(19)禁じられる行為や醜悪な行為を神の意思に関連づけることは許容されない。
(20)預言者や教友の墓や廟を破壊することは許容されない。
(21)礼拝が許可されている限りは、明白な不信仰以外の理由で、統治者に対して蜂起することは許容されない。
(22)イスラーム共同体の合意なくして、カリフ制を再興することは許容されない。
(23)国への帰属は許容される。
(24)預言者の死後、ヒジュラ（宗教的な目的でおこなわれる移住）はだれに対しても義務となるわけではない。

この二四のポイントのうちのひとつに、「実効支配者への反逆」についての項がありま す（第二一項）。この項で当書簡は、ISが、イスラーム法を施行しない為政者を攻撃対象とすることを批判し、「明白な不信仰を表明したのでない限り、そして、支配地域で礼拝が挙行されることを許している限りは、その支配者に従わなければならず、武装蜂起は許されない」と主張しています。

本書簡が採用している、「礼拝を許している限り、その実効支配者に従う」というこの説は、近現代において大勢のウラマーが採用する説です。古典的なイスラーム法学の議論のなかでも、この説は有力な一説となっています。ですので、この問題においてこの説を採用することはまったく正当であり、書簡のなかでは典拠も示され、説得力もある議論が展開されています。

しかしながら、この論法がIS批判のために持ち出されていることを思い起こすと、そこに違和感を覚えないでしょうか。

くりかえしますが、「礼拝を許している限り、その実効支配者に従う」という説は、その支配者がどのような圧政を敷いていても、被支配者に礼拝を許容している限りは、その支配者に従わなければならない、と説くものです（平和主義的にも聞こえますが、支配される側にとってはかなりハードな説とも言えます）。

ここで、IS支配地域の実効支配者はだれなのか、いまいちど考えてみてください。おわかりのとおり、この書簡が書かれた時点で、IS支配地域の実効支配者はISに他なりません。

もはや、彼らの活動地域に別の実効支配者がいて、その支配者にISが戦いを挑んでいる、という段階ではありません。事態は、そのまったく反対です。ISは、支配地域の実行権力を完全に掌握しており、他の勢力から自分たちの勢力を防衛する武力も有しています。そこに、その他の周辺の勢力が攻撃を加えている、というのが現状です。この状況下で、ISにむけて「礼拝を許している限り、その実効支配者に従え」と説くのは、実効支配者に向けて「実効支配者に従え」と言うこととおなじです。

もちろん、書簡の趣旨が「これ以上、周辺の実効支配者の支配地域に攻撃を加えるな」という主張であれば十分な整合性がありますが、ISの存在を否定することが書簡の趣旨であれば、すこしズレたことを言っている、という感は否めません。

†「反IS公開書簡」の特徴

二〇一四年に公開されたこの「反IS公開書簡」を改めて見てみると、ある特徴を指摘することができます。それは、この書簡が、法学的な問題や神学的な問題を主題としているにもかかわらず、法学のコード、あるいは神学のコードで書かれていない、つまり、学問的な精度が考慮されていないということです。むしろ、情緒的に書かれていると言っていいと思います。

たとえば、イスラーム法学の古典的な議論のなかに複数の説が存在することがよく知られている問題においても、ISに不利な説を、あたかも唯一の説であるかのように援用し、

ISを批判している部分があります。

例を挙げると、第二二項では、カリフ位の締結のためには全世界のムスリムの諸代表・諸組織すべての合意を取り付けることが必要であると説かれています。もちろん、これはイスラーム法学のなかの有力な一説ではあります。しかし、他の説も存在します。一定数のムスリムの重鎮が合意すれば十分であるという説もありますし、重鎮一名が、証人を確保した場所でカリフを選出すれば十分であるという説もあります。

ISによるカリフ位締結の有効性を完全に否定するには、少なくとも、イスラーム法学の古典的な議論において、ある程度有力ないずれの説をとった場合であっても、それが無効であることを証明しなければ十分ではないでしょう。しかし当書簡は、カリフ位締結にはムスリム全体の合意が必要であるという説のゴリ押しに終始し、それ以外の説には一切言及していません。

第二四項では、ムハンマドがマッカを征服した後には、ヒジュラ（イスラーム圏への移住）は義務ではないと説き、ISが、全世界のムスリムに対してIS支配地域へ移住するよう命じている事実を批判しています。

背景をすこし説明すると、ムハンマドが生きている時代に、多神教徒が支配するマッカから、ムスリムが支配するマディーナに移住することがムスリムの義務とされている時期がありました（イスラームのためにおこなうこうした移住のことを、ヒジュラと呼びます）。しかし、ムスリムがマッカを征服すると、もはや、マディーナに移り住まずとも、マッカでムスリムとして立派に生きていくことが可能になりました。そのためムハンマドは「マッカ開城の後、ヒジュラはない」と宣言し、これをもって、マッカからマディーナへの移住は義務ではなくなったのです。

しかし、このときに廃棄されたのはあくまで「マッカからマディーナへのヒジュラの義務」であって、「イスラーム圏へのヒジュラ」はマッカ征服後も義務である、という説も古典的な議論のなかに存在します。

また、古典的には、カリフが「イスラーム圏」の外にいるムスリムに「イスラーム圏」への移住を命じた場合には、それが義務となるという教説もあります。

ですので、論理的に考えて、ISの主張がまったくの誤りであることを示すのであれば、マッカ征服後もヒジュラが義務であるとの説にも言及したうえで、「イスラーム圏」はIS支配地域に限られないということを主張するほうが適切でしょう。あるいは、ヒジュラの要請はカリフが持つ大権のひとつですから、バグダーディーによる「ヒジュラの要請」の有効性をいちいち否定する必要はなく、彼のカリフ位の無効性を証明すれば、事は足りている、とも言えます。

第一一項では、非論理的な議論が展開されます。この項は、ヤズィード教徒（ヤズィディー教徒）は「啓典の民」とみなすべきであると説く部分です。この主旨自体は、まったく妥当なものだと思います。しかし書簡は、自身の主張の正当性の根拠として、「啓典の民」のみならず、多神教徒や偶像崇拝者も「庇護民」とすることが許容される、という説を援用します。この説は、スンナ派の一部の学派で支持される有力な説です。しかしながら、この項の主旨は、「ヤズィード教徒を啓典の民とみなすべきである」というものでした。その根拠として、「啓典の民のみならず、偶像崇拝者も庇護民にすることができる」という学説を持ち出してきても、意味をなしません。

もっとも、みずからの支持する説だけを示して何かを主張することはよくおこなわれることです。それ自体は不自然なことではありません。しかし、この書簡では、その第四項において、イスラームでは見解の相違が許されるということが重々強調されており、自分たちと異なる説を認めないISを批判しています。にもかかわらず、複数存在する説の一説だけに言及してISを非難していては、話の筋が通りません。

他にも、特にISが否定しているわけでもないことを、あたかもISが否定しているかのように論じ、ISを批判している箇所がいくつかあります。つまり、ISが見たら、「そんなの当たり前だろ」と突っ込まれそうなことを言っているわけです。また、大きく論が飛躍している箇所や、噂にもとづいて批判をおこなっている箇所もあります。

†反IS論の恣意性と目的

もちろん、以上のことは、「学問的に見ると穴だらけだ」というだけのことで、「間違っている」ということではまったくありません。ここで、この書簡の学問的な精度を追及したいわけではありません。

注目したいのは、この書簡に明白にあらわれているように、こうしたIS批判の多くは、「目的が論に先行している」という点です。

どういうことかと言うと、これらのIS批判は、論理的・学問的に理を詰めていった結果、ISがおこなったなんらかの行為、あるいはISの存在が、誤り・不当なものであることが結論づけられることを示しているのではありません。そうではなく、ISの存在を否定するという目的がまずあり、その目的のために論旨を構成していく、というスタイルがとられています。つまり、批判の目的が、言説の外に、別のレヴェルで存在するということです。

今とりあげている「反IS公開書簡」を例にとって、この書簡が執筆され、さまざまな言語に翻訳されネット上に公開されている目的がなんなのかを考えてみましょう。

まず、世界中（特に欧米）の非ムスリムの読者に、「穏健派」のムスリムの考え――「平和な、真のイスラーム」の教え――をアピールする目的があるのは間違いないでしょう。

書簡に付された署名者の顔ぶれを見てみると、宗教間対話に積極的に参加している論客が名を連ねているのがわかります。もともと欧米を活動地域にしているという人も少なくありません。彼らは、日頃から、自分たちの発信する言論の読者に非ムスリムが含まれることをよく知っており、非ムスリムの読者を意識した発言をしている人たちです。

この書簡が、専門的なイスラーム法学や神学のコードで書かれておらず、「素人」向けの内容になっている理由のひとつは、そういった読者を意識しているためです。

イスラームが「平和」と「慈悲」の宗教である点が書簡のそこかしこで強調されている点も、非ムスリムの読者にイスラームを紹介する文章のような印象を持ちます。少なくとも、ISやその幹部を読者に想定した、ムスリム同士の専門的な対話を意図した文章ではありません。

またこの書簡では、ISが、アメリカ人ジャーナリストのジェイムズ・フォーリー（James Foley）やスティーヴン・ソトロフ（Steven Sotloff）、イギリス人のNGO活動家デイヴィド・ヘインズ（David Haines）を殺害したことや、スティーヴン・ソトロフの母親が息子の解放をＩＳに懇願したにもかかわらず、ＩＳがそれを無視したことなどが、わざわざ実名入りでとりあげられています（なお、ＩＳに殺害されたジャーナリストはアメリカ人とイギリス人だけではありません）。この点も、書簡が欧米の非ムスリムを読者に想定していることを明白に示しています。

現代のムスリムが宗教的な文脈で何かを発信するさいに、非ムスリムを読者として想定しているということは、現代のムスリムから世界的レヴェルで発信される言論の意味を分析するうえで非常に重要な視点です。ただ、本書ではここで立ちどまることはせず、反ＩＳ論に隠されたもうひとつの目的のほうに目をむけたいと思います。

これまでとりあげてきた反ＩＳ書簡のみならず、その他のさまざまな反ＩＳ論の背景には、近現代に、神学的文脈においてスンナ派の多数派がいだいてきた大きな目的があります。それは、「サラフ主義（サラフィー主義）の伸張を阻止する」、「一般のムスリムがサラフ主義に傾倒することを防ぐ」という目的です。

じつは、この「サラフ主義」と「反・サラフ主義」のあいだの対立は、近現代のスンナ派神学においてもっとも重大な課題でありつづけてきました――現代でも、スンナ派神学の文脈ではそれが最重要課題であることに変わりはありません。両者のあいだの思想的対立を克服しない限り、スンナ派の宗教界がまとまりを持つことはありえません。それほど、スンナ派全体が関係する、同派を二分する根本的な対立となっています。

アル・カーイダやIS、ボコハラムなどの「過激派」は、イスラーム思想の系譜上、この「サラフ主義」の潮流に位置づけることができます。他方、「過激派」に対する批判的言論を主導するムスリムの多くは、「反・サラフ主義」の立場をとる人たちです。

昨今の「過激派」と「穏健派」のあいだの対立は、「サラフ主義」と「反・サラフ主義」のあいだの思想的対立線が現実に表出したものです。

サラフ主義とは何なのか？　サラフ主義は、スンナ派の思想地図のなかでどのような潮流として位置づけることができるのか？　なぜ、「スンナ派」というおなじ宗派のなかにそのような対立構造があるのか？　次章では、そのあたりの問題を確認しながら、「過激派」と「穏健派」を構成する主体の神学的な布置を見ていきたいと思います。

コラム②　クルアーンとムハンマド

アッラーは、アーダム（アダム）創造以降の人間の歴史のなかで、人間のなかから特別に使徒を選び、その使徒に「啓示」、つまり言葉による導きを与え、人々を唯一神崇拝へと呼びかけました。

有名な使徒としては、ヌーフ（ノア）、イブラーヒーム（アブラハム）、ムーサー（モーセ）、イーサー（イエス）などがいます。これらの使徒は、日本ではキリスト教の旧約聖書と新約聖書に登場する人物として知られていますが、クルアーンのなかにも彼らの名がたびたび登場します。イスラームにおいて、彼らは無謬の使徒であり、唯一の創造主を信仰したムスリム（帰依する者）でした。

「ムスリム」という言葉は、日本でイメージされるような、ムハンマドが派遣された後にクルアーンの教えを奉じるいわゆる「イスラーム教徒」だけを意味するのではありません。イスラームにおいて、ムスリムとは「（アッラーに）帰依する者」のことであり、アーダム以降、アッラーのみを崇拝の対象とし、アッラーの遣わした使徒に従ったすべての者を指す言葉です。

使徒には、ひとまとまりの言葉によって成る啓示、すなわち「啓典」が与えられました。たとえば、ムーサー（モーセ）に下された『タウラー』（律法書）、ダーウード（ダヴィデ）に下された『ザブール』（詩編）、イーサー（イエス）に下された『インジール』（福音書）などがあります。他にも、さまざまな使徒にさまざまな啓典が与えられました。ムスリムは、これらの啓示はすべて等しくアッラーの言葉であり、啓典を与えられた使徒は正しくそれを人々に伝達したと信じています。

しかし、これらの啓典は、人々によって改竄されたり、捨て去られたり、忘れ去られたりしてしまったとされます。つまりムスリムは、現存するユダヤ教の「トーラー」やキリスト教の「福音書」を、かつてムーサーやイーサーに下された啓典と同じものだとは信じていません。

アッラーは、西暦七世紀のアラビア半島に生きたムハンマドを使徒として選び、彼に、二〇年以上の歳月をかけて、最終啓典である『クルアーン』を下しました。

クルアーンを与えられたムハンマドは、単にこの啓典を人々に伝えただけではなく、啓典の内容を完全なかたちで現実世界に体現したと信じられています。そのため、創造主の最終啓典であるクルアーン、および、その教えを理想的な形で体現したムハンマドの言行は、イスラームの信条や法規定を導き出すさいの、もっとも根本的な二つの典拠とされます。

「ムハンマドゥン・ラスールッラー」(Muḥammadun rasūlu-llāh) =「ムハンマドはアッラーの使徒である」という言葉は、コラム①で紹介した「アッラーの他に神はない」との言葉と並び、イスラームの根本信条を表現する重要な言葉です。

この二つの言葉――「アッラーの他に神はない」と「ムハンマドはアッラーの使徒

である」――は、それぞれ「崇拝すべき存在はアッラーだけであること」、そして、「崇拝する方法においてムハンマドに従うこと」を意味しています。イスラームのすべての信条・法規定は、究極的にはこの二つの命題に収斂されます。ムハンマド到来以降、クルアーンの教えが伝達された者にとっては、この二つの命題を承認することがムスリムであることの条件となります。

▼さらに知りたい人のための次の一冊

中田考監修『日亜対訳　クルアーン』（作品社）

第二章

イスラームマップを読みとく——争点の主体

1　スンナ派全体の構図

ーSは、ワッハーブ派に分類される……

ワッハーブ派というのは、復古主義的潮流であるサラフ主義（サラフィー主義）の一派である……

多くの「過激派」組織は、このサラフ主義の潮流に位置づけられる……

法学派名で言えば、ワッハーブ派はイブン・ハンバル学派に帰属する……

読者のみなさんは、こういった説明をどこかで聞いたことがあるかもしれません。また、「ワッハーブ派とは、一八世紀のアラビア半島に生まれたムハンマド・イブン・アブドゥルワッハーブを名祖とし……」と、個々の学派の定義についてのなんらかの説明を読んだことがある人もいるでしょう。

しかし、個々の学派・潮流の来歴についての説明を読んでも、全体像についてはよくわからない、という人が多いのではないでしょうか。本章では、イスラームの個々の潮流の詳しい歴史や特徴を詳述することよりも、「過激派」や「穏健派」などと呼ばれる集団を構成する要素となる、各潮流の全体の構図を説明することに力を注ぎたいと思います。

具体的には、「過激派」と呼ばれうるさまざまなグループを包括した潮流である「ジハード主義」や、この「ジハード主義」の母体となっている「サラフ主義」などがどのような思想潮流に属するものなのか、また、「サラフ主義」に対立する陣営とはいったいだれなのか。そのあたりの思想的な対立構造を鳥瞰していきましょう。

†全体的な図式

ではさっそく、全体の構図を見てみましょう。

つぎのページの図は、スンナ派の主要な神学潮流と、潮流同士の対立構造、および、近現代におけるその展開を図式化したものです。本書の目的に関係のない細かい部分はできるだけそぎ落とし、簡略化してあります。本章では、全体をとおしてこの図を説明することを目的にしたいと思います。

まずは、この図の全体的な構図を押さえ、その後にひとつひとつの問題に入っていきましょう。

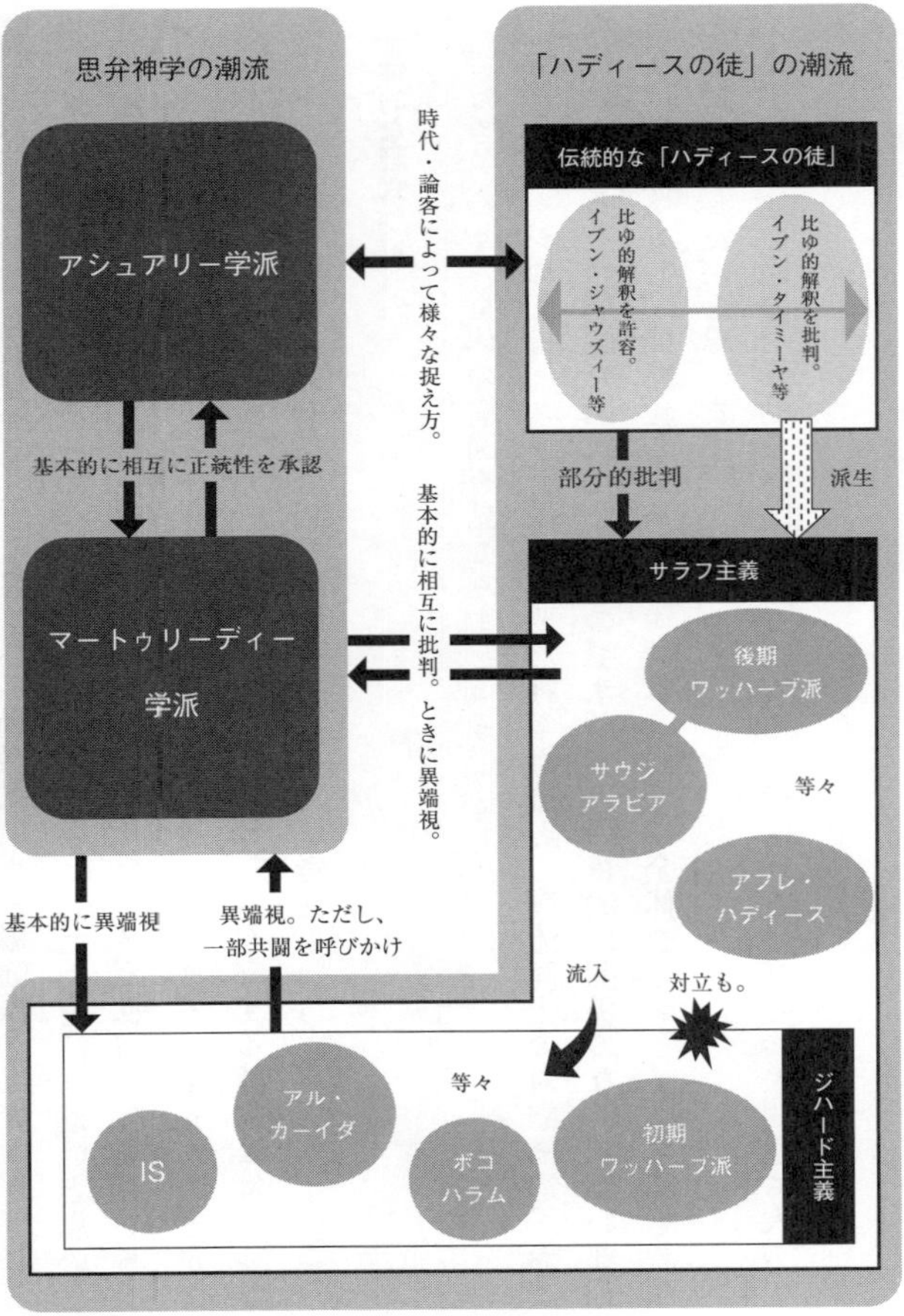

スンナ派の二つの潮流

出典：筆者作成

スンナ派の神学は、大きく二つの陣営に分けることができます。

ひとつは、思弁神学の潮流です。具体的には、アシュアリー学派とマートゥリーディー学派という二つの学派がこの潮流に属します。

「思弁神学」というのは、神学的な議論をおこなうさいに、「クルアーンやハディースの引用」のみならず「理性にもとづく論理的な立論」を神学の典拠として尊重する潮流のことです。具体的な話は、後述したいと思います。

思弁神学の潮流に対峙するもうひとつの潮流は、「ハディースの徒」と呼ばれます。「伝承主義」（アサリーヤ）と呼ばれることもありますが、本書では「ハディースの徒」で統一したいと思います。こちらの潮流は、思弁神学の潮流に属する学派とは異なり、「理性にもとづく論理的な立論」を神学の一次的な典拠とすることに反対します。クルアーンやハディースといったテクストの文言と、理性にもとづく論理的な立論を併用するのではなく、あくまで、テクストの文言のみを第一の典拠にすべきだと考えます。

この二つの潮流は、神学の方法をめぐって「対立関係」にあります。もっとも、対立と言っても、時代によって、また学者個々人の考え方によってその程度は変化してきました。非常に激しく衝突することもあれば、互いを「おなじスンナ派を構成する潮流のひとつ」程度に見る場合もあります。

†サラフ主義

この二つの潮流間の緊張関係は、スンナ派神学史の後期、おそくとも一七世紀ころには比較的沈静化していました。しかし、近現代になってふたたびこの対立が呼び起こされ、学問的批判の応酬が繰り返される状況が生まれています。

その契機となった直接のできごとは、ワッハーブ派をはじめとする「サラフ主義」の誕生です。サラフ主義は、スンナ派神学の二つの潮流のうちの「ハディースの徒」の陣営から生まれました。

くわしくは後述しますが、サラフ主義とは、歴史のなかで発展してきたムスリムの宗教実践や、「学派」に継承される解釈のなかに、初期のイスラームには存在しなかった「まがいもの」、あるいは、異端的な要素が混入していると考えます。そして、そういった「まがいもの」からイスラームを「純化」するためには、クルアーンやハディースのテクストを直接参照し、初期のイスラームに帰るべきであると主張します。一言で言えば、サラフ主義とは、伝統的な学派システムを否定する「復古主義」的な志向性を持つ潮流と形容することができます。

さらに、サラフ主義の一部は、ジハード主義（サラフ・ジハード主義）として分類されるもろもろの集団を形成しています。ジハード主義とは、シャリーア（イスラーム法）を正しく施行しない現代の為政者は「ジハードの対象」であるとし、武力攻撃の対象と考える立場です。

宗教色のある主張を物理的な暴力の行使と結びつける、いわゆる「過激派」と呼ばれる人々は、スンナ派内部の思想的な位置としては、このジハード主義に位置づけられます。対して、ばくぜんと「穏健派」と呼ばれる人たちは、この思想地図のなかでは、①「思弁神学の潮流」の二学派、②古典的な「ハディースの徒」、および、③サラフ主義のなかのジハード主義ではない人たちです。

†複雑な対立構造

しかし、「ジハード主義者」と「その他」の部分が単純に二手に分かれて対立しているというわけではまったくありません。

対立構造は複雑です。

まず、思弁神学の潮流と「ハディースの徒」の潮流のあいだに、大きな方法論の違いがあります。これが、スンナ派の神学的な地図のなかで一番主要な対立軸です。

この立場の違いは伝統的なもので、千年ほど前から議論がおこなわれてきました。先ほど述べたように、両者の緊張関係は時代の流れとともに沈静化していきましたが、近現代におけるサラフ主義と思弁神学派のあいだの対立のなかで、ふたたびひんぱんに言及されるようになり、こんにちに至っています。

また、「ハディースの徒」の潮流の内実も一枚岩ではありません。伝統的な「ハディースの徒」だけみても、思弁神学に近い立場をとる流れと、思弁神学と激しく対立する流れがあり、内部に温度差があります。

伝統的な「ハディースの徒」と近現代に生まれたサラフ主義のあいだの異同も、議論の争点となる問題です。サラフ主義の代表格と言えるワッハーブ派が興ったときには、伝統的な「ハディースの徒」のなかから、ワッハーブ派に対して激しい批判をおこなう論客も現れました。つまり、サラフ主義はたしかに「ハディースの徒」の潮流に位置するのですが、伝統的な「ハディースの徒」と、近現代に生まれたサラフ主義、そしてジハード主義を同一視することはかならずしもできないということです。

さらには、サラフ主義者がジハード主義にかならず同調するというわけでもありません。むしろ、ほとんどの場合は対立しています。たとえば、ジハード主義であるＩＳと、非ジハード主義のサラフ主義に位置づけられる現代のサウジアラビアは神学的には同じワッハーブ派の思想に依拠していますが、現実的には両者は激しく対立しています。

†対立の現実味

さて、読者のなかには、「マートゥリーディー学派」や「ハディースの徒」といった学派名など聞いたことがない。本当にそんな対立が現代にも存在するのか？　と思う人もいるかもしれません。

ここですこしだけ、こういった神学的な潮流が現代においてもムスリムの意識のなかで重要性を持つものであることを確認しておきたいと思います。

ごく最近の例を挙げれば、二〇一六年一〇月二五日から二七日に、チェチェンのグロズヌイで「ムスリム・ウラマー世界大会」というものが開催されました。

この大会には世界各国の数百名のウラマーが招聘され、「スンナ派とはだれなのか？」というテーマが掲げられました。そして、大会の共同宣言では、「スンナ派とは、信条においてはアシュアリー学派とマートゥリーディー学派の二学派であり、法学においては四学派であり、霊学（タサウウフ）におい

二〇一六年一〇月にチェチェンで開催された「ムスリム・ウラマー世界大会」の一場面

写真出典：Buratha News Agency［http://burathanews.com/arabic/antipathy/299886］

てはジュナイドの道統に属するムスリムである」と規定されました。[9] スンナ派の構成要素として、アシュアリー学派とマートゥリーディー学派のみが言及され、「ハディースの徒」は排除されたのです。

じつはこの大会には、ある特徴的な側面がありました。

それは、サラフ主義的な傾向を持つ人物が完全に排除され、伝統的なスンナ派に帰属意識を持つウラマーだけが招待されていたことです。そのうえでの、「アシュアリー学派とマートゥリーディー学派だけがスンナ派である」という宣言は、この二つの学派と対立するサラフ主義の論客にとっては明らかな挑発行為と映りました。

当然の反応として、サウジアラビアを中心に、サラフ主義のウラマーから、この会議の共同宣言の内容を否定し、参加者を批判する意見が噴出したのです。

この批判は、チェチェンの大会に参加していたアズハル大学総長のアフマド・タイイブや、アズハル大学自体への批判へと飛び火しました（ちなみに、アフマド・タイイブ自身は、アシュアリー学派への帰属意識が非常に強い人物です）。そのためアフマド・タイイブは、

・自分とアズハル大学は、この大会の責任者ではなく、共同宣言の立案にも関わっていない。

・スンナ派とは、アシュアリー学派とマートゥリーディー学派と「ハディースの徒」の三つの潮流によって構成される。

・サラフ主義者は、このうちの「ハディースの徒」に包括される。したがって、サラフ主義者もスンナ派の一員である。

という旨の発言をして、この問題についての自身とアズハル大学への批判を沈静化する対応を迫られるかたちとなりました。[10]

この騒動からわかるように、思弁神学の陣営とサラフ主義の陣営のあいだには、スンナ派の定義をめぐる緊張関係があることがわかります。「スンナ派とはだれか」という点が争点になっているという事実は、現代において出版されている神学書の主題にも明白に表れています。

最近でも、二〇〇六年に『スンナ派とはアシュアリー学派である――イスラーム共同体のウラマーの証言と彼らの典拠』という題名の本が出版されました。

『スンナ派とはアシュアリー学派である』

この本には、元エジプト・アラブ共和国ムフティーのアリー・ジュムア、元シリア・アラブ共和国ムフティーのラマダーン・ブーティー、世界的に活躍する説教師のアリー・ジフリーなど、現代の著名なアシュアリー学派の論客一〇人が巻頭言を寄せ、この本の内容に支持を表明しています。その題名の通り、この本の主旨は「アシュアリー学派（およびマートゥリーディー学派）こそがスンナ派——つまり正統なイスラーム——である」というものです。

ファイサル・ジャースィム編著『スンナ派から見たアシュアリー学派』

この本の出版後、サラフ主義の論客からその内容を批判する著作がすぐさま編まれました。

たとえば、二〇〇七年に出版されたファイサル・ジャースィム編著『スンナ派から見たアシュアリー学派——『スンナ派とはアシュアリー学派である——イスラーム共同体のウラマーの証言と彼らの典拠』への批判』があります。本書では、前年に出版された『スンナ派とはアシュアリー学派である』に反論しながら、アシュアリー学派がスンナ派の信条から逸脱していることが主張されています。この本の題名の「スンナ派から見たアシュアリー学派」という表現には、「アシュアリー学派はスンナ派ではない」という著者の考えが端的に示されています。

　同じく二〇〇七年に書かれたアブー・ウマル・ハーユ著『アシュアリー学派が誉あるサラフたちの立場と異なることの明証――『スンナ派とはアシュアリー学派である』への反論』は、やはり、前年に出版された『スンナ派とはアシュアリー学派である』の内容が誤りであることを証明する目的で書かれたものです。

　このように、現代イスラームの言論界では、サラフ主義の立場からは「アシュアリー学派はスンナ派ではない」という主張がなされ、それに対して「アシュアリー学派こそがスンナ派」であるという趣旨の反論がおこなわれます。

　千年前に生まれ、時代を通じてスンナ派（と外部からみなされるムスリム）の多数派を形成してきた学派の正統性をめぐるこうした神学論争が、現代でも非常に活発なのです。

「ザワーヒリーからザルカーウィーにあてた二〇〇五年六月九日書簡」のアラビア語本文の一部

　この神学上の問題は、政治的な局面でも意味を持っています。

　ひとつだけ、「ザワーヒリーからザルカーウィーにあてた二〇〇五年六月九日書簡」を例として見てみたいと思います。この書簡は、ジハード主義組織「アル・カーイダ」の指導者であるアイマン・ザワーヒリーから、ＩＳの母体となったジハード主義組織「タウヒードとジハード集団」を組織したザルカーウィーにあてられた書簡で、この書簡を入手していたアメリカ合衆国国家情報長官室から二〇〇五年一〇月一一日に公表されたものです。

この書簡のなかには、「アシュアリー学派」「マートゥリーディー学派」「サラフ主義」という単語が何度も登場します。こういった単語が登場する箇所の主旨をかんたんにまとめると以下のようになります。

「私たちはサラフ主義であり、たしかにアシュアリー学派&マートゥリーディー学派とのあいだに信条について見解の相違がある。しかし、一般大衆はこれらの神学論争を理解することはできない。神学派間にある相違を乗り越え、彼らと一致団結して侵略者と圧政者に対するジハードを遂行すべきである。また、ムスリムの多数派であるアシュアリー学派&マートゥリーディー学派の学者たちを尊重すべきである。彼らをないがしろにすれば、人心は離れていくだろう。(ザワーヒリーが追従する)ムッラー・ウマル師も、法学的にはハナフィー学派・神学的にはマートゥリーディー学派に帰属しているが、素晴らしい人物であり、ジハードにおいて素晴らしい功績をあげている」。

ザルカーウィーは、ジハード主義者のなかでも特に「排他的」な傾向が強く、アシュアリー学派やマートゥリーディー学派に帰属する集団とは共闘しようとしていませんでした。

そのためこの書簡のなかでは、汎スンナ派路線をとるザワーヒリーが、アシュアリー学派やマートゥリーディー学派を排斥せず、彼らと団結するようザルカーウィーに呼び掛けているのです――リアルポリティックスを生きなければならないジハード主義者は、場合によってはザワーヒリーのように思弁神学派の陣営への態度を軟化させ、共闘路線をとることがあるのは面白いところです。

このように、「アシュアリー学派」「マートゥリーディー学派」「サラフ主義」などへの帰属にかかわる問題が、ジハード主義者の活動方針や政策の決定にも影響を与えているのです。

アイマン・ザワーヒリー。ムスリム諸国の独裁者と欧米の侵略軍に対するジハードのために、汎スンナ派路線をとる。
写真出典：AFP＝時事

故ザルカーウィー。サラフ・ジハード主義者以外を敵視し、強硬路線をとった。
写真出典：AFP＝時事

2 思弁神学の誕生

それでは、本章冒頭の思想地図に書いてある個々の潮流を、ひとつずつ見ていきたいと思います。まずは、思弁神学の潮流であるアシュアリー学派とマートゥリーディー学派から見ていきましょう。

†ムウタズィラ派の興隆

アシュアリー学派が生まれた大きなきっかけのひとつに、ムウタズィラ派と呼ばれる潮流の拡大がありました。

預言者ムハンマドの逝去後、ムスリムのなかには、政治的／神学的な意見の対立から、独自の教説を奉じるさまざまな宗派が生まれました。そのなかのひとつに、「ムウタズィラ派」と呼ばれる諸派があります。この宗派は、八世紀後半から九世紀に生まれ、一般大衆や学者のみならず、為政者にまで支持層を拡大し、スンナ派の強力な敵対勢力となりました。

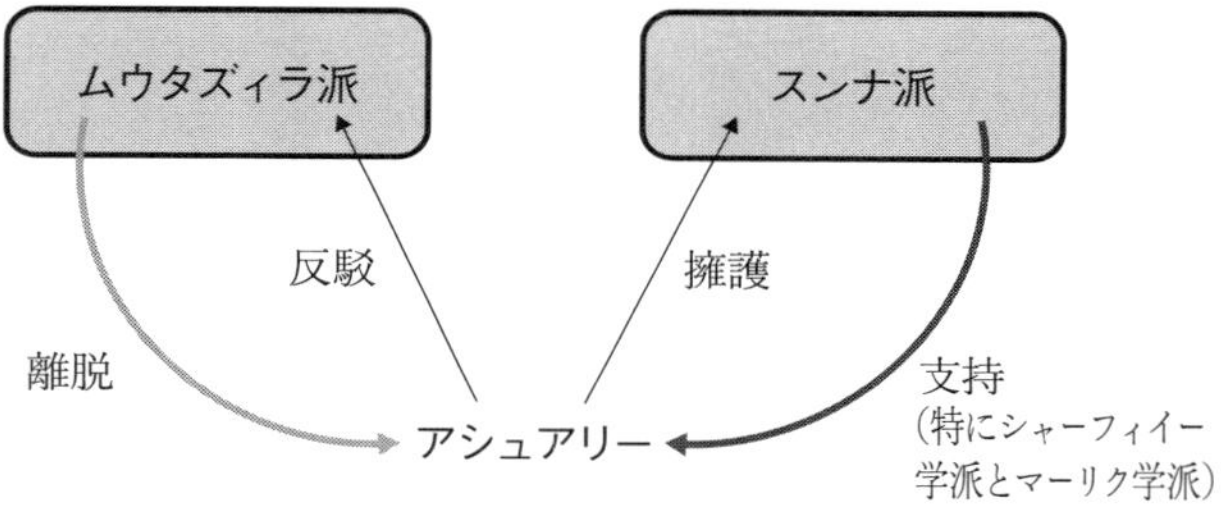

同派の特徴は、理性に基づく論理的な立論を神学の主たる典拠とする点です。つまり、クルアーンやハディースの表面的な意味よりも、理性を優先させるということです。

一例をあげれば、ムウタズィラ派では、「神は義なる存在であるから、人間に不信仰や悪行を創造することはありえない」と考えます。そのため、「神が人間のために創造するのは「行為するための能力」であり、おのおのの人間は、この能力を自由に用いて、自分の行為を自分自身で創造する」と主張しました。

この考え方は、「アッラーは、すべてのものの創造者である」（クルアーン三九章六二節）とのクルアーンの文言などを根拠に、悪行や不信仰を含めた人間がおこなうすべての行為が神の創造の対象であるとするスンナ派の立場と、まっこうから対立します。これ以外にも、ムウタズィラ派の主張にはクルアーンやハディースの文言からは帰結され得ない教説が多数含まれていました。

当初スンナ派は、こうした極端な理性主義に対してクルアーンやハディースの引用をおもな手段として反論していましたが、それだけではムウタズィラ派の勢いを止めることができなかったのです。

†アシュアリー学派の誕生

ムウタズィラ派などの非スンナ派の諸勢力に対する巻き返しは、「スンナ派思弁神学」の登場によって果たされました。

スンナ派思弁神学の誕生において決定的な役割を果たした学者が、アシュアリーです。アシュアリーは、四〇歳までムウタズィラ派の学者として研鑽を積んでいましたが、あるときスンナ派に転向し、ムウタズィラ派時代に培った思弁的な方法をおおいに活用して、スンナ派の信条を擁護しました。

つまり、ムウタズィラ派が発達させた「理性にもとづく論理的な立論」を、逆に利用したということです。クルアーンやハディースの引用だけではなく、スンナ派の信条の正しさを思弁的な方法で証明するアシュアリーの方法は、スンナ派——特にシャーフィイー学派とマーリク学派——のあいだで支持を集め、スンナ派の主流学派の地位を確立するに至ります。

神学派名	支持層となる法学派名
アシュアリー学派	シャーフィイー学派、マーリク学派
マートゥリーディー学派	アブー・ハニーファ学派

†もうひとつの正統――マートゥリーディー学派

アシュアリーと同時代に、ムウタズィラ派などに対抗するために思弁的な議論を発達させ、一大学派の形成を基礎づけた学者がもうひとりいました。サマルカンドで活躍した、マートゥリーディーという学者です。

マートゥリーディーは、法学的にはアブー・ハニーファ学派に帰属したため、この法学派に伝わる学祖アブー・ハニーファの神学的教説を継承し、体系的な神学を展開しました。そのため、マートゥリーディーの神学は、スンナ派のなかでも特にアブー・ハニーファ学派の学者間に浸透しました。

†四法学派・二神学派体制の確立

ムウタズィラ派などの勢力が衰えて消滅したことで、スンナ派はイスラームの絶対多数派としての地位を確立しました。そして、そのスンナ派のなかで、アシュアリー学派とマートゥリーディー学派の支持層は圧倒的多数派の地位を占めることになりました。

こうして、「神学的にはアシュアリー学派とマートゥリーディー学派の二つの学派が、法学的にはアブー・ハニーファ学派、シャーフィイー学派、マーリク学派、イブン・ハンバル学派の四つの学派がスンナ派を構成する」との認識が定着しました。

なお、アシュアリー学派とマートゥリーディー学派は、初期にはお互いを批判することもありました。これは、一部の時代・地域においては、法学的な問題でアブー・ハニーファ学派とシャーフィイー学派の対立が激しかったためです。つまり、アブー・ハニーファ学派は神学的にはマートゥリーディー学派で、シャーフィイー学派は神学的にはアシュアリー学派を採用したため、法学の領域の対立に引きずられ、神学的領域でも論争がおこなわれたということです。しかし、後期にはお互いをスンナ派の正統な神学派とみなす見解が支配的となり、現代に至っています。

3　「ハディースの徒」――スンナ派の「反」思弁神学の流れ

†「ハディースの徒」

アシュアリー学派とマートゥリーディー学派は東西に広域に浸透しましたが、この動きを歓迎しない立場がスンナ派のなかに存在しました。それが、「ハディースの徒」と呼ばれる立場です。

アシュアリー学派がシャーフィイー学派とマーリク学派、マートゥリーディー学派がアブー・ハニーファ学派と結合しましたので、「ハディースの徒」の主な母体は法学派名で言えばイブン・ハンバル学派です。「ハディースの徒」は、思弁神学派であるアシュアリー学派とマートゥリーディー学派に対抗してきました。

「ハディースの徒」の考えでは、個々の神学的問題うんぬんの前に、そもそも、クルアーンとハディースの文言とともに、理性にもとづく論理的な立論を神学の基礎に置くこと自体が受け入れられません。

「そういった方法は、あくまでムウタズィラ派などの逸脱した宗派のものであり、スンナ派には不要である」という立場をとります。

彼らがこう考えるのは、ムハンマドやその弟子たちは、そのようなことをおこなわなかった、という理由からです。

†見解の相違

「ハディースの徒」の立場からおこなわれるアシュアリー学派やマートゥリーディー学派

への批判は、一言で言えば、「思弁神学派は、神の言葉や預言者の言葉——すなわち、クルアーンやハディースの文言——に満足せず、その真意を自分勝手な思想で捻じ曲げている」というものです。つまり、思弁神学派は、「クルアーン——あるいはハディース——で○○○と言われているのは直接的に解釈すべきではなく、△△△の意味で理解すべきである」と、クルアーンやハディースの文言に、自分の言葉を付け加えて満足するのだ、という批判です。

他方、アシュアリー学派やマートゥリーディー学派は、「ハディースの徒」の擬人神観的な傾向を批判することがあります。つまり、「ハディースの徒」はクルアーンやハディースの文言をそのままの表現で認めますので、クルアーンに神の「手」について言及があれば「神の手」を認め、ハディースに神の「脛」について言及があれば「神の脛」を認めることになります。こうした態度は、思弁神学派から見れば、神を被造物に似せて理解する態度ということになり、批判の対象とされます。

神学のさまざまな議論が発達すると、「理性にもとづく論理的な立論を、クルアーンとハディースの文言とともに神学の基礎に置くか否か」という大前提の部分だけでなく、「ハディースの徒」とアシュアリー学派&マートゥリーディー学派のあいだには、個別的な問題についても見解の相違が目立つようになります。

たとえば、序章と第一章でも言及した「信仰の構成要素」の問題をめぐっても、両陣営のあいだに明白な見解の相違があります。

アシュアリー学派&マートゥリーディー学派の考えでは、「信仰」は「心」という場に成立するものなので、身体によっておこなわれる「行為」は信仰の構成要素とはみなされません。しかし「ハディースの徒」はこれに反対し、「信仰は六〇といくつか、あるいは七〇といくつかの部分に分かれる。その最良のものは「アッラーの他に神はない」との言葉であり、その最下のものは道から障害物を取り除くことである。恥じらいもまた信仰の一部である」などの一連のハディースを根拠として、身体によっておこなわれる「行為」も信仰の構成要素に含める立場をとります。

もうひとつ別の例を挙げると、神の「言葉」は文字・音声なのか？　という問題があります。

アシュアリー学派&マートゥリーディー学派は、神の「言葉」は神とともに永遠であり、生じたり消えたりするものではない、したがってそれは文字でも音声でもない、という立場をとります。一方「ハディースの徒」はこれに反対し、「アッラーが啓示によって語るとき、天の民はその声を聞く」とのハディースの文言などを根拠に、神の「言葉」は文字と音声から成る、と言います。

このように、思弁神学派であるアシュアリー学派&マートゥリーディー学派と、クルアーンやハディースの直接的な意味を重視する「ハディースの徒」は、さまざまな神学的問題をめぐって対立関係にあります。

†「ハディースの徒」とアシュアリー学派の対立

アシュアリー学派とマートゥリーディー学派のうち、特にアシュアリー学派は、「ハディースの徒」と激しく対立してきました。

イブン・ハンバル学派、つまり「ハディースの徒」の潮流に属する著名な学者アブー・ヤアラーは、その神学論考『信条』のなかでつぎのように書いています。

> また、逸脱と迷妄の民を退けることが義務である。それはたとえば、擬人神観論者、物質神論者、アシュアリー派、ムウタズィラ派、ラーフィド派、ムルジア派、カダル派、ジャフム派、ハワーリジュ派、サーリム派、カッラーム派、その他の非難されるべき諸派を言う。

彼はここで、アシュアリー学派をムウタズィラ派などに並べて「非スンナ派の異端」として名指ししています。アシュアリー学派へのこうした評価は、このアブー・ヤアラーという学者に独自のものというわけではありません。歴史的に見れば、「ハディースの徒」に帰属する学者の多数派は、この立場をとってきました。

一方、アシュアリー学派によるイブン・ハンバル学派への攻撃も激しいものです。たとえば、アシュアリー学派のイブン・アラーウ・ブハーリーという学者は、「イブン・タイミーヤを「イスラームの師」との称号で呼ぶ者はみな不信仰者である」と宣言していたことが伝えられています。

イブン・タイミーヤというのは、後代のイブン・ハンバル学派の有名な学者で、同学派において「イスラームの師」の尊称で呼ばれる大学者のひとりです。つまり、イブン・アラーウ・ブハーリーというアシュアリー学派の学者は、後代のイブン・ハンバル学派に帰属する多数の学者を、スンナ派どころか、ムスリムともみなしていなかったことになります。

両者のあいだのこうした対立は、言論の領域に留まるものではありませんでした。ときには、この神学的な対立が、多数の死傷者を出す抗争にまで発展することもありました。たとえば、一〇世紀から一一世紀のバグダードでは、アシュアリー学派（＝シャーフィイー学派）とイブン・ハンバル学派の抗争が多発しました。九二九年に起こった事件はつぎのようなものです。

あるとき、イブン・ハンバル学派の学者アブー・バクル・マルワズィーの学者サークルが、クルアーンのなかの「きっとおまえの主は、おまえを称えられた地位に甦らせる」（クルアーン一七章七九節）という一節を、「アッラーが預言者ムハンマドを、玉座の上に、アッラーとともに座らせる」という意味に解釈し、教えていました。これは、そういった意味に解釈することができるハディースが存在するためです。しかし、それらのハディースは「アッラーが玉座の上に座る」という描写があるため、擬人神観的な信条を帰結しかねない表現を含んでいます。そのため、彼らのこの解説を聞いた反イブン・ハンバル学派の陣営がその解釈に異を唱え、騒擾が発生しました。この騒擾は、最終的には双方の陣営に多数の死者を出す暴動にまで発展しました。

この事件以外にも、アシュアリー学派の学者がイブン・ハンバル学派を「不信仰者」や「擬人神観論者」と喧伝したことが原因となったり、イブン・ハンバル学派が徒党を組んでアシュアリー学派に帰属する者に暴行を加えたことが原因となったりして、両者間にたびたび死者を出す抗争が発生しました。

†なぜ、「おなじスンナ派同士で争う」のか？

読者のなかには、「スンナ派というおなじひとつの宗派のなかに、なぜこのような対立があるのか？」と思う人もいるかもしれません。

しかし、「おなじひとつの宗派のなかで争っている」というのは、すこし違います。第一章でふれた、「スンナ派には、信徒を統一し、正統教義を決定するような教会組織はない」という話を思い出してください。「スンナ派」というのは、あくまで、スンナ派を自認・自称するおのおのの学者によって指し示されるものであって、メンバーが登録されたり、中央本部が全体の方針を決定するような「教団」のようなものではありません。

アシュアリー学派と「ハディースの徒」のあいだの対立は、「自分たちこそがスンナ派である」という主張のぶつかり合いです。つまり、「おなじひとつの宗派のなかで争っている」のではなく、「おなじひとつの宗派の名をめぐって争っている」のです。

†一枚岩ではない「ハディースの徒」

「ハディースの徒」についてひとつ付け加えておかなければいけないのは、この潮流の内部は一枚岩ではないということです。

「ハディースの徒」のなかにはまず、思弁神学派がおこなうような「比ゆ的解釈」（タアウィール）自体を全面的に否定し、「比ゆ的解釈は糾弾すべき誤りである」と考える陣営があります。一方で、思弁神学派のことは批判すれども、「比ゆ的解釈」自体を否定するわけではない陣営も「ハディースの徒」のなかに存在します。

ひとつ具体例を挙げれば、クルアーンのなかには、「われがわが手によって創造したものに」（クルアーン三八章七五節）のように、「神の手」に言及する部分があります。「比ゆ的解釈」を否定する陣営は、こうしたクルアーンの文言をそのままの表現で承認し、神に「手」があることをとにかく信じ、その真意を神にゆだねる態度をとります。そして、それについて別の言葉で説明を加えることはしません。先述したイブン・タイミーヤに代表される学者は、この立場をとります。こちらが、「ハディースの徒」の多数派の立場です。

一方、「ハディースの徒」のうちの「比ゆ的解釈」を認める陣営は、神の「手」について別の言葉で説明を加えます。たとえば、イブン・ハンバル学派のイブン・ジャウズィーは、上記のクルアーン三八章七五節における「手」を、神の「権能と恩恵」に言い換えて理解すべきだと言います。のみならず彼は、「手」を比ゆ的に解釈せず、神の「属性」としてそのまま理解するイブン・ハンバル学派の学者を糾弾しさえします。

学派としてのまとまりが強いアシュアリー学派とマートゥリーディー学派に比べて、「ハディースの徒」の内部にはこのような考え方の違いがあるのです。

†後期における歩み寄り

これはイスラーム学のどの分野でも起こることなのですが、或る時代においてAという立場とBという立場が対立していたとしても、後代になってから、A説の立場をとる学者がB説のことも「可能な一説」として承認したり、またはB説を自説に接収させたり、あるいは、或る学者がA説もB説も両方とも認めるようになるのは、けっして珍しいことではありません。

こういったことが起こる構図にはさまざまなパターンがあります。

たとえば、後代の学者たちが、「私たちの先代の大学者の先生方はお互いに喧嘩していましたが、無学なわれわれではどちらが正しいのか最終的な決着はつけられそうにありませんので、仲良くやりましょう」と考える場合、言ってみれば、「諦念」から起こることもあります。あるいは、後代の学者が「相手の見解は完全な間違いだと思っていたが、よくよく話を聞いてみれば傾聴に値する部分もある」と考えなおす場合、つまり、後代の学者が、自分たちの論敵の論理を——部分的にであれ——「再評価」する場合もあります。あるいは、学派間の理論上の対立の度合いが、現実世界の生身の人間集団の政治的な権力争いに準じて決定されることもあります。その場合、時代が変わって権力構造も変われば、それに応じて言論上の対立の熱も冷めていく、ということもあります。

アシュアリー学派と「ハディースの徒」の対立も、時代がたつにつれてだんだんと沈静化していきました。一七世紀から一九世紀、各派を代表するような著名な学者たちは、「スンナ派は、アシュアリー学派／マートゥリーディー学派／「ハディースの徒」の三つの潮流によって構成される」との認識を持っていました。

一七世紀のイブン・ハンバル学派を代表する学者のひとりであったアブドゥルバーキー・バアリーは、「スンナ派には三つの潮流がある。イブン・ハンバル学派、アシュアリー学派、マートゥリーディー学派である」と述べています。

一八世紀、おなじくイブン・ハンバル学派を代表する学者であったサッファーリーニーは、スンナ派を構成する母体についてつぎのように言っています。

スンナ派は三派によってなる。（第一は）伝承主義学派（つまり、ハディースの徒）。彼らの導師はアフマド・イブン・ハンバルである。そして（第二は）アシュアリー学派。彼らの導師はアブー・ハサン・アシュアリーである。そして（第三は）マートゥリーディー学派。彼らの導師はアブー・マンスール・マートゥリーディーである。他方、迷妄の諸派は多数存在する。

一九世紀のアシュアリー学派の大学者であるダルウィーシュ・フートはつぎのように書いています。

マーリキー学派とシャーフィイー学派はアシュアリー学派であり、その導師は、（教友の）アブー・ムーサー・アシュアリーの子孫アブー・ハサン・アシュアリーである。ハナフィー学派はマートゥリーディー学派であり、その導師はアブー・マンスール・マートゥリーディーである。この二名こそスンナ派の導師である。ハンバリー学派は伝承主義である。なぜなら彼らは比ゆ的解釈を介さずに啓示に追随するからである。（中略）至高なるアッラーが望み給えば、これらの者たちはすべて善の上にある。

このように、後代においては、アシュアリー学派／マートゥリーディー学派／「ハディースの徒」の三つの潮流をスンナ派の構成学派として認める気運が醸成されていました。

4 サラフ主義とジハード主義

しかし、近現代において、スンナ派思弁神学派――アシュアリー学派とマートゥリーディー学派――と「ハディースの徒」のあいだの確執をふたたびよみがえらせる出来事が生じます。

それが、サラフ主義、およびジハード主義の誕生と拡大です。

†サラフ主義の語義

サラフ主義とは何でしょうか。

サラフ主義の語源となっている「サラフ」(salaf) という言葉は、「先達たち」「先立った者たち」という意味を持ちます。通常は、「イスラーム初期の正しいムスリムたち」を指します。

どの世代までを「サラフ」とみなすかは学者によって違いがありますが、もっとも限定的に用いる場合は、第一世代、つまり、ムハンマドと共に生きた世代だけを「サラフ」と呼びます。もっとも広範囲に用いる場合は、第五世代までを「サラフ」に含めます。「サラフ主義者」が言う「サラフ」は、第三世代までを指すことがほとんどです。これは、ムハンマドの言葉として、「最善の人々は私の世代である。そのつぎは彼らに続く者たちである。そのつぎは彼らに続く者たちである」というハディースが伝えられているためです。

†サラフ主義とは何か？

サラフ主義は（イスラームのその他のさまざまな宗派や諸団体と同様で）、特定の紐帯をそなえた「団体」「教団」ではありません。サラフ主義とは、ある一定の思想的傾向を具えたさまざまな立場・人物・集団の総称です。

その思想的傾向を端的に言い表すことを試みれば、彼らは「サラフの時代の正しいイスラームと、後代において多数派が奉じ、実践してきたイスラームとのあいだには大きな違いがあり、後者には多くの逸脱が含まれている」と考えていると、とりあえずは言うことができるでしょう。

こういった意識を持っていることが、サラフ主義者の指標、目印です。そして多くの場合、サラフ主義者は「そういった逸脱を正し、サラフの時代の正しいイスラームに回帰さ

サウード家が統治する前のマッカのハラーム・モスク。スンナ派の四法学派に対応した四つの礼拝場所が設置され、法学派ごとに順番に集団礼拝がおこなわれていた。[11]
写真出典：Alarab Post

サウード家統治下の現在のハラーム・モスク。礼拝先導者は一名のみで、ひとつの礼拝につき、集団礼拝は一度しかおこなわれない。
写真出典：Alarab Post

せなければならない」と考えます。

「後代において生じた逸脱」に何を含めるのかは文脈によって異なりますが、神学的な領域では、歴史的にスンナ派の多数派を占めてきたアシュアリー学派やマートゥリーディー学派がこれに含まれます。つまりサラフ主義は、アシュアリー学派やマートゥリーディー学派を「非スンナ派の、逸脱した宗派」と基本的には認識します。

神学とは異なる領域で言えば、たとえば霊学（タサウウフ）の分野では、スンナ派を自認する多数派のムスリムが承認する「タリーカ制度」を否定します。タリーカ制度とは、ひとりの「導師」（シャイフ、ムルシド）と、彼に追従する複数の門弟からなる集団のことで、「導師」が門弟を霊的に教導する制度として実践されてきました。またサラフ主義は、タサウウフのなかの一大潮流である、イブン・アラビーの「存在一性論」[12]の思想を異端視します。

法学の分野では、スンナ派の四つの法学祖の学識を認めはしますが、複数の見解が並立して存在する状態を嫌う傾向があり、ひとつの正答——多くの場合、それはイブン・ハンバル学派のものです——を称揚する強い傾向を持っています（右写真参照）。また、個々人が特定の法学派に帰属意識を持ち、その法学派の見解に固執することを、多くのサラフ主義者は誤りだと考えています。

†スンナ派の伝統的システムとの対立

こうした傾向は、神学においてアシュアリー学派とマートゥリーディー学派を正統学派とみなし、四大法学派の並立状態を認め、タリーカ制度にもとづく霊学（タサウウフ）の実践をおこなう、後期スンナ派の多数派が採用してきた伝統的なシステムと明確に対立します。

伝統的なスンナ派の学問体系を採用する機関として、エジプトのアズハル大学が挙げられます。同大学は、ときに「スンナ派最高学府」とも形容されることがある、伝統のある教育機関です。アズハル大学では、アシュアリー学派（およびマートゥリーディー学派）が、イスラームの「正統」神学として教授されています。正統ということはつまり、この二つの神学派の信条が、ムハンマドとその教友たちが奉じ、歴史上の大学者たちが奉じていた信条だと考えているということです。

一方、現代においてサラフ主義を称揚する国家として、イスラームの二大聖地を抱えるサウジアラビアが挙げられます。同国のイスラーム教育機関では、アズハル大学が正統イスラームとして教授するアシュアリー学派とマートゥリーディー学派を、異端の一派として教えています。

これは、驚くべき事実と言えるでしょう。一般的には、エジプトもサウジアラビアもおなじ「スンナ派の国」と言われることが多いのですが、そこで教えられている神学は、たがいに相反する内容を多分に含むものなのです。

ただし、この対立は外部からは非常に見えにくいものになっています。その理由のひとつは、両陣営がともに「スンナ派」を名乗っているためです。どちらかが別の呼称を掲げていれば、二つの潮流があることがはっきりわかりますが、どちらの陣営も、彼らにとっての「正統イスラーム」の謂である「スンナ派」という呼称を用いています。さらに、スンナ派には教会制度が存在しないため、争っている主体が見えにくい、という事情もあります。キリスト教のような教会組織が存在すれば、対立する複数の陣営の対立はより可視的になります。一方、イスラームの場合は、たとえばローマ・カトリックと東方正教会が分裂したような、「別の宗教組織に分かれる」という事態は発生しえません。

†ジハード主義

ISやアル・カーイダのように、宗教的なイデオロギーにもとづく組織作りをしている反政府武装勢力のほとんどは、サラフ主義に分類することができます。

ただし、サラフ主義の立場をとるムスリムが例外なく武装闘争をおこなうわけではありません。統治者に対する物理的暴力の行使を是とするのは、サラフ主義の一部の人たちです。こうした武闘派のサラフ主義者は、非武闘派のサラフ主義と区別するために「サラフ・ジハード主義」と一般に呼ばれています（以降、省略して「ジハード主義」と呼びます）。「ジハード」とは、イスラームやムスリムを害する敵との戦いを意味します。かならずしも物理的な交戦だけを指すわけではなく、「我欲との闘い」のような意で「ジハード」が用いられる場合もあれば、イスラームの宗教的な目的のためのさまざまなレヴェルでの奮闘努力一般が、「ジハード」と包括的に呼ばれる場合もあります。

日本では誤解があるかもしれませんが、「ジハード」自体は、「ジハード主義」と呼ばれ

エジプトのサラフ主義政党、ヌール党のシンボル。エジプトの選挙制度をとおしたサラフ主義の浸透を目指している。

る諸勢力にだけその正統性が認められる概念ではありません。ジハードが正しい行為であることはイスラームの合意事項です。「穏健派」と呼ばれる人たちのなかでも、ジハードは徳高い行為とみなされています。

　では、ジハード主義の特徴はどこにあるのでしょうか。

　それは、ムスリムに攻撃を加える異教徒だけではなく、ムスリムである不正な為政者や、その為政者の陣営に与するムスリム、さらには、ときに、そういった為政者に対する武装闘争に与しないムスリム全般をもジハードの対象とみなすことです。このことをもって、彼らは特にジハード主義者と呼ばれます。

　ジハード主義者ではないサラフ主義者は、為政者への武装闘争はおこなわず、改革は、あくまで教育や啓蒙、あるいは、選挙などの「合法的」手続きをとおして政治的実権を握ることによっておこなうべきであると考えています。

　また、ジハード主義ではないサラフ主義のなかには、神学的な議論においてサラフ主義の立場をとることのみを重視し、政治的な問題においては、統治権力に一切反抗せず、政権に助言をおこなうようなこともせず、政権が活動を許可したウラマーの布告するファトワーに異論を唱えることさえもしない、という徹底した静観主義の潮流もあります。この潮流に含まれるサラフ主義者は、政党をつくることも、政治改革を呼びかけるような活動もしません。

この種のサラフ主義者は、政治的な領域での改革も志向するサラフ主義と区別して「ジャーミー系サラフ主義」、あるいは「マドハリー系サラフ主義」と呼ぶ場合があります。この名称は、この考え方を広めたムハンマド・イブン・アマーン・ジャーミー、およびジャーミーの弟子のひとりであるラビーウ・マドハリーの名からとられています。非ジハード主義のサラフ主義も、けっして一枚岩ではないというわけです。[13]

†サラフ主義（および非・サラフ主義）についての誤解

サラフ主義の特異性について書かれた言説として日本でよく目にするのが、

①ムハンマドの時代を理想の社会とみなしている
②イスラーム法を現代によみがえらせようとしている

というものです。こういった考えを抱くサラフ主義は、時代錯誤であると評価されます。しかし、こうした理解は大きな誤解です。ただし、誤解だと言っても、「サラフ主義者はこういった考えを抱いていない」という意味ではありません。この誤解は、サラフ主義についてのものではなく、むしろ、サラフ主義ではないムスリムについてのものです。

どういうことかと言うと、①について言えば、サラフ主義者であろうとなかろうと、「ムハンマドの時代がイスラームの理想形である」と考えています。この命題自体は、イスラームの合意事項です。ムハンマドは、ただ単に神の言葉を伝えた媒体とみなされているだけではなく、彼の生きざまはムスリムが模範とすべき理想像とされます。さらに、彼と共に生きた第一世代のムスリムは、後のムスリムが模範とすべき、もっとも優れた世代であると信じられています。必然的に、ムハンマドが生きていた時代は、彼自身の存在だけではなく、彼以外のムスリムが最善の世代であったことも加わって、最善の時代であったということになります。これは、何もサラフ主義者だけが抱いている考えではないのです。

②について言えば、イスラームの認識では、シャリーア（イスラーム法）は神によって定められた法規範であり、特定の地域においてのみ通用する慣習法でも、もはや実地には用いられない中世の「法律」でもありません。この法の正しさ、有効性は、現在でも東西

のムスリムに認められています。

いわゆる「穏健派」のムスリムのISに対する批判のなかには、イスラーム法に関係するものもありますが、それはあくまで部分的なもの、または、その執行手続きに不備があるためにおこなわれるものであって、「イスラーム法を執行すること自体」に向けられているのではありません。

このように、日本でサラフ主義の特徴、あるいは、サラフ主義と非サラフ主義の相違点だと一般に想像されているものが、なんの変哲もない単なるイスラームの合意事項であるということはよくあります。

†ワッハーブ派——サラフ・ジハード主義の母型

先にも書いたように、「サラフ主義」というのは特定の紐帯を持つ団体ではなく、一定の傾向を持つさまざまな潮流を指す言葉です。

たとえば、代表的なサラフ主義の例として、ムハンマド・アブドゥフやラシード・リダーに代表される、一九世紀のエジプトの改革主義的な潮流が言及されることがあります。

当時のエジプトでは、社会の近代化に対応することが喫緊の課題として求められていました。そのため、アブドゥフたちは、イスラームの伝統的なシステム——つまり、直近の

一九世紀エジプトでイスラーム改革を推進したムハンマド・アブドゥフ

時代のシステム――を単純に継承するのではなく、イスラームの「原初」に立ち戻り、現代に見合ったかたちで宗教的教説や宗教権威構造を再編する必要があると訴えました。ここで「原初」と言うのは、すなわち初期の正しいムスリムである「サラフ」のことです。こうして、伝統墨守ではない、復古主義的な傾向を持つ潮流が、近代化の要請とともにエジプトに生まれました。

ただし、アブドゥフやリダーが称揚した運動は、「ハディースの徒」の神学的な立場を継承し、それに反する立場を批判するような種類の神学的アイデンティティを持つものではまったくありません。彼らがおこなったのは、アズハル大学の組織改革など、社会における権威・制度の再編でした。

本書の主旨からは、むしろ、一八世紀に生まれたワッハーブ派をサラフ主義のモデルとして紹介するのが良いでしょう。ワッハーブ派は、現在世界各地に拡大した、アシュアリー学派やマートゥリーディー学派と対立する陣営としてのサラフ主義／ジハード主義の母型と言える潮流です。

ワッハーブ派という名称は、この潮流の名祖となったムハンマド・イブン・アブドゥルワッハーブからとられた他称です。アブドゥルワッハーブは、一八世紀のアラビア半島に生きたイブン・ハンバル学派の学者です。彼は、イブン・ハンバル学派のなかでも、特に、アシュアリー学派などの思弁神学派を批判したイブン・タイミーヤ系統の学説の排他的正統性を主張する立場をとりました。アブドゥルワッハーブの思想は、豪族のサウード家と同盟を結び、自身の神学的見解に反する宗教実践を軍事的な手段でアラビア半島から払拭することで拡大しました。

この勢力が、後にアラビア半島にサウジアラビア（サウード家のアラビア）を建国します。初期のワッハーブ派は、自分たちに従わないムスリムを「ジハード」によって排除していた点で典型的なジハード主義でした。しかし、後期には拡大主義路線を修正したため、現代のサウジアラビアは非ジハード主義のサラフ主義に分類することができるでしょう。なお、こんにちでも、サウジアラビアではワッハーブ派的な教説が正統イスラームとして教えられています。

このワッハーブ派がアラビア半島を統一する過程でおこなった政策のなかに、宗教的に重要な意味を持つ行為がありました。そのひとつが、「タワッスルの制限」、および、それにもとづく「聖者廟の破壊」です。

الكون

آل سعود يدمّرون أضرحة الصحابة

عبد العزيز يتظاهر بالاعتذار ويتهم رجاله

一九二六年の新聞の一面。見出しに、「サウード家が教友たちの廟を破壊」とある。

†タワッスル

タワッスル（tawassul）とは、神に何かを祈願するために、預言者——特にムハンマド——や、すでに他界している善良な信仰者に、神への「取り次ぎ」を依頼することです。

具体的には、たとえば、マディーナにあるムハンマドの墓に顔と体を向けて、ムハンマドに対して、つぎのようなお願いをすることを言います。「アッラーの使徒よ、わたしはあなたに（審判の日の）執り成しを求めます。そしてわたしは、わたしがあなたの共同体の一員として、あなたの道の上にムスリムとして死ねるように、あなたにアッラーへの取り次ぎ（タワッスル）を求めます」。つまり、祈願を神に直接おこなうのではなく、自分よりも神に近い存在であるムハンマドに、「神に祈願してくれるように」お願いをするわけです。あるいは、「預言者ムハンマドの栄誉によって、あなた（神）に求めます」などと、表現としては神に祈願しながらも、そのなかで預言者などの権威を借りることもタワッスルの一形態です。

預言者であるムハンマドのみならず、善良なムスリムとして生きたことが知られている死者――つまり、聖者（ワリー）――の墓において、その死者にタワッスルをおこなうこともあります。また、善良な信仰者の廟の建築や、タワッスルのためにその廟を訪問する旅行などが、さまざまな地域・時代のムスリムによって実践されてきました。

ワッハーブ派は、こうしたかたちのタワッスルを禁止し、アラビア半島に多数存在した、高名なムスリムのために建てられた廟を破壊して回ったのでした。[14]

読者のなかには、なぜタワッスルがそれほど問題なのかと疑問に思う人もいるかもしれません。しかし、タワッスルはけっして些末な問題ではなく、イスラームの根本信条である神の唯一性を否定する逸脱行為であるとワッハーブ派は考えます。

タワッスル問題は、他でもなく、まさにワッハーブ派が自分たち以外のムスリムを「多神教徒」であると断罪し、周辺のムスリムたちをジハードの対象とみなした主要な理由でした。彼らは、ムスリムがおこなってきた伝統的なタワッスルの実践が、預言者や聖者を神に並びたてて祈りの対象とする多神崇拝の一形態であり、払拭すべきもっとも重大な逸脱行為のひとつであると考えたのです。

†イブン・タイミーヤ

ワッハーブ派のタワッスル批判には、その原点となった人物が存在します。それが、ワッハーブ派や、その他多くのサラフ主義者が「イスラームの師」と仰ぐ、イブン・タイミーヤという中世の学者です。

イブン・タイミーヤとは、一三世紀から一四世紀に生きた、イブン・ハンバル学派の有名な学者です。彼は、法学や神学をはじめとするさまざまな分野で才能を発揮し、伝統的な学説にしばられることなく、原初的な解釈をおこなったことで知られます。そうした伝統に縛られないスタンスが原因となり、他学派のみならず、自らが属するイブン・ハンバル学派の学者をふくむさまざまな論敵から糾弾され、幾度かの投獄を経験、一三二八年に獄死しました。[15]しかし、彼の学説を支持する者も多く、後期イブン・ハンバル学派のなかでは「イスラームの師」の称号で呼ばれるようになります——つまり、少なくともイブン・ハンバル学派のなかでは、けっして「異端的」な人物ではありません。

ワッハーブ派に代表される多くのサラフ主義者は、神学的領域の基本的な問題において、「ハディースの徒」のなかのイブン・タイミーヤ系統の学説を忠実に踏襲しています。言い換えれば、伝統的な「ハディースの徒」のものとして伝わるさまざまな学説のうち、イブン・タイミーヤ系統の諸学説に特化し、それをほぼ唯一の正答として称揚するのがワッハーブ派、および多くのサラフ主義の特徴と言うことができます。

サラフ主義の伸張とともに、イブン・タイミーヤの著作は大量に出版されるようになり、内外で再評価されるようになりました。それと同時に、反サラフ主義の論客――特にアシュアリー学派の学者――からは、サラフ主義への批判をおこなう目的で、イブン・タイミーヤに対する批判がひんぱんにおこなわれるようにもなりました。

タワッスルの問題について言えば、イブン・タイミーヤは、預言者や、生前に善良なムスリムとして知られていた聖者へのタワッスルを禁じた最初の人物だと言われています。彼は、誤った形でおこなわれるタワッスルをおこなう者は、たとえ創造主を「主《しゅ》として唯一の存在」と信じていても、「神として唯一の存在」と信じているとは言えず、多神崇拝を犯すことになり得ると主張しました。「主」とはつまり、被造物に糧を与え、生命を維持する、万物の養い手ということです。イブン・タイミーヤによれば、人は、創造主を「主」と認めていようとも、「神」、すなわち「崇拝の対象」とみなさないことがあり得るのです。「主」としても「神」としても創造主を唯一の存在とみなさなければ、真の意味で唯一神崇拝をおこなっているとは言えない、と彼は説きました。

『アッラーの使徒とその一族についてのイブン・タイミーヤの種々の過り』。現代に書かれた、イブン・タイミーヤ批判の一例。

ワッハーブ派が引き継いだのはこの教説です。もっとも、言葉による啓蒙に努めたイブン・タイミーヤとは異なり、ワッハーブ派は、伝統的なタワッスルを実践するムスリムたちの一部を多神教徒、背教者と認定し、ジハードの対象とみなしました。

また、さきほど、ジハード主義者の特徴として、イスラーム法を施行しない不正なムスリムの為政者に対してジハードを宣言する点を挙げましたが、これもイブン・タイミーヤの教説を起源とするものです。

イブン・タイミーヤが生きた当時のダマスカスには、モンゴル軍の脅威が迫っていました。しかし、当時のモンゴルはイスラームに改宗していたため、ダマスカスの住人からは、ムスリムであるモンゴルと戦うことへのためらいの声があがりました。そのさいにイブン・タイミーヤは、「モンゴルはイスラーム法を施行していない。イスラーム法を放棄するような者は、たとえ信仰告白をしていようとも、ジハードの対象となる」と説き、人々を説得しました。現代のジハード主義者はこの教説を引き継いでおり、イスラーム法を施行しない不正な為政者に対するジハードを行使しているのです。

†現在まで議論が活発なタワッスル問題

さて、タワッスルの問題は、ワッハーブ派系統のサラフ主義と、反サラフ主義の陣営のあいだの主要な対立項と言ってもけっして間違いではありません。

ワッハーブ派が興ったさい、さまざまな論客からワッハーブ派への批判が提出されました。

こうしたワッハーブ派批判の著述の一部は、「タクフィール」の問題に焦点が当てられています。たとえば、ワッハーブ派の名祖であるアブドゥルワッハーブの兄弟であるスライマーン・イブン・アブドゥルワッハーブが著した『神の稲妻――ワッハーブ派への反駁』はワッハーブ派批判の書として有名な一冊です。この本では、ワッハーブ派が非ワッハーブ派のムスリムたちを不信仰者と認定し、背教者として扱ったことが誤りであることが、古典的な法解釈を典拠に、さまざまな論点から指摘されます。[16]

ワッハーブ派批判の一連の著述において、こうしたタクフィールの問題とおそらく同程度にとりあげられるのがタワッスルの問題です。

マッカでシャーフィイー学派のムフティーを務めていた学者ザイニー・ダフラーン著『ワッハーブ派への反駁における輝く真珠』は、ほぼすべての部分が、「預言者へのタワッスルが許容されること」や、「教友の遺したものに御利益を求めることが許容されること」などの説明に費やされています。[17]

イブン・ハンバル学派の学者ハサン・シャッティーが著したワッハーブ派批判の書に、『ワッハーブ派反駁のための聖法の諸典拠』というものがありますが、この本でも、そのほとんどすべてのページでタワッスルにかかわる問題がとりあげられています。[18]

シャーフィイー学派のダーウード・イブン・サイイド・スライマーン・ナクシュバンディー・ハーリディーが著した小論考『与えられた贈り物――ワッハーブ派への反駁』は、「預言者は墓のなかで今も生きていること」、「死者も墓のなかで何かを見聞きすること」など、やはりタワッスルの問題を議論することをとおして、ワッハーブ派への反駁を試みています。[19]

アリー・ジュムア

現代でも、ワッハーブ派が言及されるさいにはタワッスル問題が、タワッスル問題が言及されるさいにはワッハーブ派が同時に言及されるということがよくあります。二一世紀現在においてもタワッスル問題の重要性は忘れられていません。

たとえば、現代のもっとも著名な法学者のひとりである、元エジプト共和国ムフティーのアリー・ジュムアは、預言者へのタワッスルの合法性を論じたファトワーのなかでつぎのように述べています。

四法学派は、預言者（ムハンマド）へのタワッスルが許容されること、否、むしろ推奨されること、そして、彼の生前と他界後のあいだに区別はないことに見解を一致させている。預言者の生前における彼へのタワッスルと、彼の他界後のあいだを区別したイブン・タイミーヤの他に、（この問題について）誤謬に陥った者はいない。彼の誤謬はまったく考慮すべきではない。われわれは、ムスリム共同体が、高名な導師たちが見解を一致させたことに留まるよう祈るものである。（中略）われらの主の書（クルアーン）とわれらの預言者（ムハンマド）のスンナのなかに見られる、以上のもろもろの正しい典拠によって、四法学派その他のムスリム共同体の学者たちが、預言者の生前にも他界後にも、彼へのタワッスルが許容され、推奨されることに合意を成立させていること、そして、それが一切禁じられないことに見解を一致させていたことがわかる。したがってわれわれの意見では、預言者へのタワッスルは推奨事項であり、奨励される、偉大なる神への祈りの一形態である。そして、イブン・タイミーヤや、彼の後に彼の見解を反復する者たちのような、学者たちの合意事項から逸脱する者（の見解）はまったく考慮に入れるべきではない。[20]

近年でも、ISが支配地域の聖者廟を破壊してまわったことが（少なくともムスリム諸国では）注目を浴びました。ISは、神学的にはワッハーブ派の教説を踏襲しています。

そのため、タワッスルについても禁止説をとっており、各地の廟を破壊したのでした。これは、アラビア半島でワッハーブ派がおこなったこととまったくおなじ行為です。

第一章で、反サラフ主義の論客が編んだ「反IS公開書簡」を紹介しましたが、この書簡には、ISが犯している二四の過ちがとりあげられていました。そのなかのひとつ、第二〇番目の論点に、「墓の破壊」が挙げられています。ここからも、現在でも、反サラフ主義／反ジハード主義の陣営が、自分たちとISなどのジハード主義者のあいだの主要な争点としてタワッスル問題を意識していることがわかります。

†何で対立しているのか？　対立していないのか？

さて、本章では、スンナ派に帰属意識を持つアクターのなかで、だれとだれのあいだに対立線があるのかの神学上の布置を説明しました。

スンナ派の神学的立場には、

①アシュアリー学派とマートゥリーディー学派によって構成される思弁神学派
②イブン・ハンバル学派によって構成される「ハディースの徒」

という二大潮流があり、サラフ主義そしてジハード主義が、このうちの「ハディースの徒」から派生した、というのがおおまかなアクターの構図です。

ただし、「思弁神学派」の潮流と「ハディースの徒」の潮流、あるいはサラフ主義と非サラフ主義は、当然のことですが、いついかなる問題においても見解が対立するわけではありません。宗教的実践においても神学的思想においても、一定程度の領域においてはおなじ立場を共有していて、それとは別の領域に対立するポイントがあるのです。

しかしながら、日本ではイスラーム法学・神学にかかわる問題については、――「どうせだれも知らないから」という意識があるためか――無根拠な説明が平気でおこなわれるのが普通ですので、どこまでが各アクター間で共通した理解がなされている領域で、どこからが見解の相違がある問題なのかが、区別して論じられることは稀です。

たとえば、ISなどが支配地域でおこなっている行為のうち、少なくともスンナ派においては見解の相違のない合意事項であるものに言及し、「本来のイスラームに反する、IS独自の解釈」などと説明されることもあります。あるいは、最近では「テロ」の問題に関係してサラフ主義／ジハード主義／イブン・ハンバル学派に言及される頻度が増えていますが、スンナ派の四法学派の一致した見解が、イブン・ハンバル学派独自の立場として「分析」される、ということもあります。

そこで次章では、ＩＳに代表されるジハード主義者と非ジハード主義の陣営が、どのような論点においてどのようなかたちで対立しているのか、あるいは、対立していないのかという点を見ていきます。次章では、神学や学派の小難しい議論にはあまり言及せずに、イスラーム法やジハードについての考え方の違いや、ＩＳが主張するカリフ制の有効性など、日本でも注目を集める類の話題を中心にとりあげたいと思います。

コラム③　シャリーア

イスラームには「法」があります。それは、宗教にもとづいた、行為についての決まり事があるということです。このイスラームの法のことを、アラビア語でシャリーア（語義は、「水場へと至る道」）と言います。

シャリーアという言葉は、大きく分けて二つの意味に用いられます。ひとつは、「イスラームの教えの総体」、もうひとつは、「イスラームの教えのうちの行為規範的側面」です。[21]

この両者がともに「絶対無謬」の「アッラーの神意[22]」をいうことに変わりはなく、

相違点はその指示範囲にあります。すなわち、前者の用法におけるシャリーアが、信仰箇条や道徳などをその意味に含めるのに対し、後者は、ムスリムの「行為」にかかわる規範のみを取り扱うということです。

日本において「シャリーア」がしばしば「イスラーム法」と翻訳されるとき、ほとんどの場合は後者、つまり、ムスリムの「行為における正しさ」が追求される言語空間としての意味に焦点が当てられています。

行為の領域において、「シャリーア」、すなわち「アッラーの神意」は何であるかを、典拠にもとづいて演繹するための学問を「フィクフ学」＝イスラーム法学と呼びます（フィクフの語義は「理解」です）。

言い換えれば、「シャリーア」とはアッラーが定めた法そのものを指す言葉であり、個別具体的な事例において、何が正しいシャリーアなのかを導き出すための学問、あるいは、導き出された結論を「フィクフ」と呼ぶということです。

イスラーム法学においては、（1）クルアーン、（2）スンナ、（3）イジュマーウ（合意）、（4）キヤース（類推解釈）などの法源が定められています。法学者は、これらの法源を駆使して法解釈をおこないます。

ただし、解釈の方法は、ムスリムのあいだでも一様ではありません。イスラームの初期に、その解釈の方法論をめぐって学者間に見解の相違が生まれました。その結果、特定の方法論を打ちたてた大学者の元にその門弟たちが集い、「法学派」(マズハブ)が形成されました。スンナ派のなかでは、(1)アブー・ハニーファ学派、(2)シャーフィイー学派、(3)マーリク学派、(4)イブン・ハンバル学派という四つの法学派が支持を集め、歴史的な競争に勝ち残りました。この四つの法学派は現在まで影響力を持っており、基本的には、現在でもこの四法学派の方法論の枠内で法解釈がおこなわれています。

▼さらに知りたい人のための次の一冊

中田考『イスラーム法とは何か?』(作品社)

第三章

「穏健派」と「過激派」の見解の相違はどこにあるのか?

この章では、いくつかの特定の問題をとりあげて、「過激派」と「穏健派」のあいだにどのような見解の相違があるのかを考えてみたいと思います。

思弁神学派と「ハディースの徒」のあいだの神学的な相違に言及すれば切りがありませんが、本章では、第二章で言及したタワッスル問題のような神学的な領域の問題ではなく、政治的な局面に直接反映し得るたぐいの問題に焦点をしぼります。

1　シャリーアを放棄する不正な為政者への反逆

†「過激派」の考え

「過激派」、つまり、神学的な意味で言うところのジハード主義者とそうではないムスリムのあいだの可視的な対立に直結する争点としてまず指摘できるのは、「不正な為政者への反逆」の是非の問題です。この問題については、第一章と第二章でも言及しましたが、あらためて整理してみましょう。

この問題についてのジハード主義者の立場はこうです。

「現在、ムスリム諸国を統治している為政者たちは、シャリーアを施行していない。のみならず、かたくなにその施行を拒み、シャリーアの施行を求める声を封殺し、声をあげる者を投獄し、拷問し、殺害する。このような為政者はイスラームとムスリムの敵である。彼らはジハードの対象であり、討伐しなければならない」。

そのように考え、物理的暴力を行使することを正当化します。なお、少なからぬジハード主義者が、シャリーアの施行を訴えるムスリムを拷問して殺害するような不正な為政者を、不信仰者・背教者とみなしている、つまり、もはやムスリムではないと考えています。

†「穏健派」の考え

いわゆる「穏健派」、つまり、ジハード主義者ではないムスリムも、当然シャリーアの施行はムスリムの義務であると考えています。この点は、ジハード主義と非ジハード主義のあいだの争点ではありません。

争点は、シャリーアの施行を放棄する為政者に反逆することの是非にあります。非ジハード主義の陣営は、不正な為政者に対する物理的暴力の行使を認めません。彼らはこう考えます。

「たしかに、ムスリムを統治する為政者にはシャリーアを施行することが義務として課せられる。そして、それを放棄すれば罪を犯したことになる。しかし、（シャリーアによって統治しないという）罪を犯すことを理由に、その為政者に反逆することが許容されるわけではない」。

また、クルアーンには「信仰した者たちよ、アッラーに従い、使徒と、おまえたちのうち権威を持つ者たちに従え」（クルアーン四章五九節）という節があり、ムスリムのなかの権威を持つ者に従うことはムスリムの基本的な義務とされます。なお、「権威を持つ者たち」とは、統治者たちとも、知識を持つ者たちとも言われます。

非ジハード主義の論客は、さらに以下のハディースを好んで引用し、「統治者が人々に礼拝を許容している限り、その統治者に従うことが義務である」と説きます。

そのハディースにはこうあります。「あなたたちの指導者のうち最善の者たちは、あなたたちが慕い、あなたたちを慕い、あなたたちが祝福を祈り、あなたたちに祝福を祈る者たちである。あなたたちの指導者のうち最悪な者たちは、あなたたちが憎み、あなたたちを憎み、あなたたちが呪い、あなたたちを呪う者たちである」。こう述べたムハンマドに、「アッラーの使徒よ。われわれは剣によって彼を退けてはならないのですか」と尋ねる者がありました。するとムハンマドは以下のように答えたと伝えられます。「否。彼らがあなたがたの内に礼拝を挙行させている限りは。あなたたちがあなたたちの権威者に何か嫌うことをみとめたのであれば、彼の行為を嫌いなさい。しかし、手を忠義から離してはならない」（ムスリムの伝えるハディース）。

第一章でとりあげた「反IS公開書簡」でも、「礼拝の挙行を許容している限り、その為政者に従わなければならない」という説が強調されていました。

つまり、どのような圧政を敷き、ムスリムを迫害しようとも、礼拝が許容されている限りはその統治者に反逆してはならない、というのが反ジハード主義のムスリムの立場です。もっとも、統治者を罷免する可能性は認められていますが、統治者の罷免は、それによって内戦（ムスリム同士の殺し合い）が発生する危険がない限りにおいておこなわれ得ることだと言われます。

†ジハード主義者は非・ジハード主義者をどう見るか

ジハード主義者は、自分たちの戦いに賛同しないいわゆる「穏健派」のムスリムをどのように見ているのでしょうか。

ムスリム諸国の一般大衆のあいだでは、ジハード主義者は「タクフィール主義者」とも呼ばれています。これは、「ジハード主義者は、自分たちの活動に賛同しないムスリムをタクフィールし、攻撃対象とする」と認識されているためです。

しかし実際には、すべてのジハード主義者にこの認識が当てはまるわけではありません。おなじジハード主義者であっても、組織によって、自分たちに敵対するムスリムの見方に大きな違いがあります。

アル・カーイダのような汎スンナ派路線をとる組織の場合、非・ジハード主義者のムスリムを簡単にタクフィールすることはしません。

彼らは、ムスリムのなかでタクフィールすべき対象を、欧米の軍隊と同盟を組んでムスリムを殺傷するような者、あるいは、アラブの独裁政権の中枢にいる人間や、その政権を維持するためにムスリムを拷問・殺傷しているような人間に限定します。政権になんとなく従っている一般市民や、シーア派に帰属するムスリム個々人、あるいは、場合によっては自分たちと交戦する軍隊のムスリムであっても、タクフィールせず、ムスリムとみなします。

アル・カーイダの指導者ザワーヒリーは、アル・カーイダの活動の基本方針を示した公開文書「ジハード実践における一般指針」のなかで以下のように述べています。

ラーフィド派、イスマーイール派、カーディーヤーン派、逸脱したスーフィーたちのような逸脱した諸宗派に対しては、彼らがスンナ派に対して戦闘を開始しない限り、攻撃を加えない。もし彼らがスンナ派を攻撃すれば、彼らの内の戦闘員のみに対する反撃がおこなわれる。そのさい、われわれが自衛をおこなっているだけであると宣言する。また、彼らの信条的、方法的な誤謬と逸脱を解明し続けつつも、彼らの内の非戦闘員や、彼らの住居にいる彼らの家族、彼らが崇拝行為をおこなう場所、宗教的な施設や集会所に攻撃を加えることは避けられる。[23]

一方、おなじジハード主義組織でも、ISの考え方はこれとは対照的です。彼らは、シャリーアの施行を拒絶する政権側にいる人間一般、あるいは、自分たちと敵対する勢力や、シーア派一般をタクフィールします。

交戦相手のムスリムに対するこうした認識の違いは、ジハード主義の組織同士が対立する争点ともなります。

たとえばISは、その機関紙『ダービク』の第六号においてアル・カーイダのタクフィール論に焦点を当て、それを批判しています。右で触れたように、アル・カーイダはムスリムに対するタクフィールには非常に抑制的です。『ダービク』のなかでISは、アル・カーイダの指導者ザワーヒリーや幹部のハーリス・ナザーリーなどの名を挙げ、彼らがシーア派の一般信徒、「廟を崇拝する者たち」(この表現は、タワッスルを実践する陣営に対し

アル・カーイダの幹部だった故ハーリス・ナザーリー
写真出典：Internet Archive

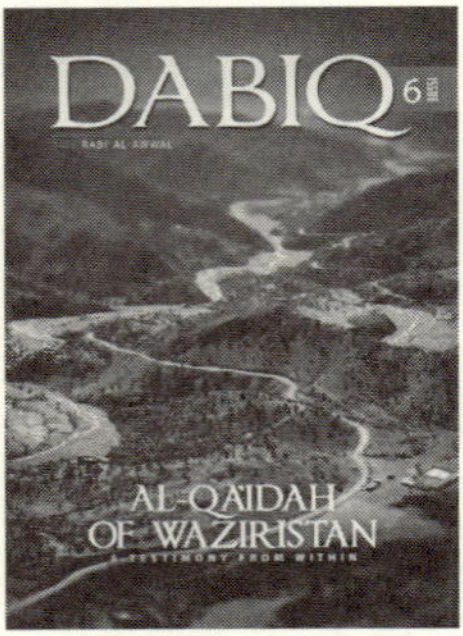

ISの機関紙『ダービク』

て用いられる蔑称です）や、独裁政権を支持する者たちをタクフィールしないことを槍玉にあげ、こうした態度が、たとえばイエメンでのフーシー派（この一派は、シーア派の武装組織です）の台頭にも繋がったのだと批判しています。

†非・ジハード主義者はジハード主義者をどう見るか

非・ジハード主義の論客は、ムスリムの為政者を――彼らがシャリーアを施行せずとも――「正統」な統治者とみなします。ここでの「正統」の意味は、これらの為政者がおこなうこと、あるいはその統治のありかたがイスラーム的に理想的なものである、ということではありません。そうではなく、実行権力を持つこうした為政者に従うことがムスリムにとって義務であり、反逆してはならない、ということを意味します。

非・ジハード主義の代表的論客を例に、その主張を見てみましょう。

反サラフ主義・反ジハード主義の活発な論客のひとりに、ダマスカス大学教授の故ムハンマド・サイード・ラマダーン・ブーティーという人物がいます。彼はシリア人の体制派ウラマーのひとりで、シリア政府のもっとも強硬な支持者のひとりでした。

彼の著書のひとつに、『イスラームにおけるジハード――どのように理解し、実践するのか』があります。このなかでブーティーは、近現代のムスリム諸国の「王」や「大統領」の選出には三つのパターンがあると述べています。

その三つとは、(1)「解き結ぶ者たち」(カリフ選出有資格者)がカリフを選出し、彼に「忠義の契約」(バイア)を締結する方法、(2)前任者による後任者の指名、(3)武力による征服です。そして、これらの手段で統治者となったムスリムに反逆することはイスラームでは禁じられる、とブーティーは説きます。

「穏健派」の代表的学者のひとりであった、故ムハンマド・サイード・ラマダーン・ブーティー

ところで、これら三つの選出手段に見覚えはないでしょうか。これは、本書の第一章で言及した、カリフの選出手段に相違ありません。

ブーティーは一貫して、近代国家の「王」や「大統領」による統治の宗教的正統性を、カリフの正統性になぞらえて論じていきます。たとえば、現行の政権への反逆は、古典的な法学における「カリフに対する反逆者」になぞらえて理解されるのです（現実的問題においても彼は、シリア政府軍の軍事活動は正統なジハードであるとし、現行のシリア内戦におけるシリア政府軍の軍事活動を称賛し続けていました）。この論法は、ブーティーに限ったことではなく、体制派のウラマーにはよく見られる考え方と言えます。

†反逆者の類型――盗賊／ハワーリジュ／叛徒

では、「カリフに対する反逆者」はどのように論じられるのでしょうか。学者によって分類・表現方法はさまざまですが、カリフに反逆する集団として三つの類型を設けることができます。

第一は「盗賊」です。盗賊とは、ムスリムたちを殺害し、ムスリムたちの財産を強奪し、人々に、公道を歩むことを恐れさせるような集団を言います。このようなことをしても彼らはムスリムとみなされますが、人命を奪った場合は死刑に処されます。

第二は「ハワーリジュ」です。ハワーリジュとは、語義としては「出ていった者たち」を意味します。つまり、ムスリムの集団から離反した人たち、ということです。ハワーリジュという名は、彼らがよってたつ独自の「解釈」に基づいて謀反を起こし、（自分たちに与しない）ムスリムたちの生命と財産を奪うことを合法とみなすような人々にあてがわれます（狭義には、「ハワーリジュ」というのはイスラーム初期に生まれた分派の名称ですが、法学的にはより一般的な意味で用いられます）。

なお、スンナ派のハディース学者の多数派と、学識の高い法学者の一致した見解によれば、ハワーリジュは不信仰者とはみなされず、左記の「叛徒」の最終的な処分と同様に対処されます。

第三は「叛徒」です。叛徒とは、彼らがよってたつ独自の「解釈」に基づいて謀反を起こし、自分たちに正義があると主張し、現行のカリフに代わって統治権を求める集団を言います。ハワーリジュと異なるのは、叛徒の場合は無関係のムスリムの生命や財産を奪うことを良しとしない点です。カリフは、叛徒と交渉し、説得することが推奨されますが、最終的に叛徒が解散しない場合には、彼らの戦力がなくなり解散するまで戦い、鎮圧します。

歴史的には、サウジアラビアを建国したワッハーブ派は、勃興当初「ハワーリジュ」と形容され、批判されていました。ムスリム同胞団なども、体制を脅かすことがあるため、「ハワーリジュ」あるいは「盗賊」と喧伝されることがあります。現在のISも、しばしば論敵から「ハワーリジュ」と批判されています。先述のブーティーも、シリア政府に反逆する集団は「盗賊」に他ならず、殲滅すべきであると一貫して主張していました。

体制派のウラマーから見て、現行の政権に反旗を翻す諸集団は、古典法学におけるこうした「カリフに対する反逆者」の類型のいずれかに準じて認識されていることがわかります。

2 カリフ問題

†カリフの擁立が義務であることは一致した見解

二〇一四年、ISがアブー・バクル・バグダーディーを「カリフ」に選出し、「カリフ制」の復興を宣言したことは日本でも比較的大きく報道されました。

日本では、ISによるこのカリフ制再興の宣言が、「カリフという中世の概念を持ち出した、時代錯誤的な宣言」と揶揄されることがあります。

しかし、カリフという存在を擁立することが義務であることは、イスラームの多数派であるスンナ派ではすべての学派の一致した見解です。このことは、本書でこれまで幾度か言及してきた「反ＩＳ公開書簡」のなかでも、「カリフ位は、一致した見解として、イスラーム共同体に課せられた義務である」と書かれているとおりです。

また、世界中の中道派のウラマーが参加するムスリム・ウラマー世界連盟は、二〇一四年七月に布告した、ＩＳによるカリフ選出が無効であることを訴える共同声明のなかでつぎのように書いています。

> 我々はみなたしかに、預言者の道に沿ったイスラームのカリフ制を夢見ている。そしてそれが明日ではなく今日擁立されることを心の奥底から望んでいる。(中略)イスラームのカリフ制とその再興は重大事である。我々みなの心はそれを切望し、我々すべての理性はそれについて想い、我々すべての意識はそれを渇求している。[24]

ＩＳカリフ制が正統なのかどうかということと、カリフ位という制度自体が正当なのかどうかということは、まったく別の問題なのです。

ISが「カリフ」として擁立したアブー・バクル・バグダーディー
写真出典：EPA＝時事

ＩＳ（あるいはジハード主義者）への批判の一環で、「カリフ位」という制度自体を批判するとすれば、それはイスラームという宗教一般――少なくとも、ムスリムの多数派が奉じている伝統的なシステム――への批判をおこなっていることになります。

†ISカリフ体制の有効性についての見解の相違

イスラームの論理の枠内で問題となるのは、「カリフ位を復活させるべきか否か」ということではなく、ＩＳによるカリフ選出は有効だったのか、という問題です。

ＩＳの立場はこうです。

自分たちは、異教徒の体制を完全に退け、イスラーム法の施行を志す者たちで構成されたメンバーによって、ムスリムが居住する広大な地域を統治している。自分たちは「解き結ぶ者たち」（カリフ選出有資格者）に他ならない。よって、自分たちの選出は有効性を持つ。

反ＩＳの諸陣営は、当然これを認めません。

ムスリム・ウラマー世界連盟は、先に言及した、ＩＳカリフ体制の無効を宣言する共同声明のなかでつぎのように論じています――「カリフ」という言葉は、語義としてもイスラーム法の専門用語としても、「代理人」を意味する。つまり、イスラーム共同体を代表する者である。したがってカリフ位は、イスラーム共同体全体の総意によるか、あるいは、イスラーム共同体を代表するウラマー／権威者／責任者／決定権を持つ者／諸イスラーム団体によって構成される「解き結ぶ者たち」の合意をとおしてでなければ、成立しない。或るひとつの集団、あるいは、一地域のみがカリフ位を宣言しても、それはまったく有効性を持たない。

「反ＩＳ公開書簡」でもほとんどおなじレトリックが使われ、以下のように述べられています――カリフ位を再興するさいには、イスラーム共同体の合意が必要となる。したがって、一地域を支配した一勢力の宣言によってカリフ位が成立することはない。さらに、このような形でカリフ位を宣言することは、ムスリムたちのあいだに内紛を誘発するため、許容されない。

†ＩＳのカリフ選出は有効であり得るのか？

厳密に学問的に考えたとき、ＩＳの主張と反ＩＳ陣営の主張のどちらか一方「のみ」がイスラーム法学上の有効性を持つと、だれにとってもはっきりとわかる形で、客観的に証明することは困難です（なお、ここで私が問題にしているのは、カリフの選出という個別的な問題についてだけです。ISがおこなっている政策や戦闘行為についてではありません）。

これには二つ理由があります。

第一に、カリフ選出有資格者「解き結ぶ者たち」の定義は、厳密に定められているわけではないからです。たとえば、「解き結ぶ者たち」には「ウラマー」が含まれると言われますが、「ウラマー」といっても正式なライセンスなどがあるわけではありません。「ウラマー」であると社会的に漠然と認められている」のが常態です。

ISの陣営が、自分たちの抱えるウラマーや政治指導者を「解き結ぶ者たち」だと主張し、反IS陣営が「彼らなどは「解き結ぶ者たち」ではない」と主張しても、どちらも聞く耳を持ちませんので、事態は平行線をたどるのみです。だれが「解き結ぶ者たち」なのかはきわめて政治的なレヴェルで問われる問題であり、神学的・法学的な言語で客観的に証明できる問題ではありません。

第二の理由は、これまでも言及しましたが、カリフ選出の方法にもいくつかのパターンがあり、その条件についても法学者間に複数の見解があることです。たしかに、反IS陣営がこんにち採用している説のように、カリフの選出には「解き結ぶ者たち」の合意が必要であるとする説もあります。しかし、スンナ派の諸学説のなかには、「解き結ぶ者たち」のうちの一名による選出も有効であるとする説も存在します。複数存在する学説のうちどの説を採用するのかによって、描かれるカリフ選出のヴィジョンは大幅に違ってきます。

†「解き結ぶ者たち」の合意が必要」説が採用される背景

なお、こんにちの反ジハード主義の論客が、カリフの選出には「解き結ぶ者たち」の合意が必要であるという説を積極的に採用する背景には、非学問的な要因も多分に働いています。

第一に、本人たちも言っているように、「解き結ぶ者たち」の合意なきカリフ選出がムスリム同士の戦争を誘発するという考えが、この説を採用するさいに念頭に置かれる理由のひとつです。たとえば「反IS公開書簡」においては、イスラーム共同体の合意なくカリフを選出する行為は、結果として「多数のカリフの乱立」を招くため承認されないと主張されています。

第二に、反ISの陣営（特に、神学的に対立する思弁神学の陣営）からすれば、ISカリフ体制は、その選出手段の如何にかかわりなく、かならず否定しなければならないという結論が先にあります。

なぜなら、非・ジハード主義者の陣営からすれば、ジハード主義のこれ以上の拡大はぜひとも阻止しなければならないことだからです（思弁神学派の陣営からすれば、サラフ主義のこれ以上の拡大を阻止することが最優先課題です）。だとすれば、ジハード主義の最急進派から擁立されたカリフは、なんとしても無効だと判断しなければなりません。そのため、「カリフの選出にはイスラーム共同体の全会一致が必要である」という、もっとも容易・確実にＩＳカリフ体制の無効性を主張することができる学説が選択されることになります。また、カリフの選出にはイスラーム共同体全体の合意が必要であるという考えが積極的に表明されるのは、現在のムスリム諸国を統治する為政者たちへの配慮という側面もあるかもしれません。

ウラマーは一般的に、「カリフ制などイスラームには不要である」と発言することはできません。それは、伝統的なイスラーム法学・神学の教説に明らかに反するからです。しかし、「今すぐにカリフ制再興へ向けた具体的な手段を講じるべきである」と発言することもできません。なぜならそれは現行の為政者たちを失脚させることを示唆するからです。このジレンマのなかで彼らがとり得るもっとも妥当なスタンスは、「カリフ制の再興には長い道のりが必要である」「当面は、政治的な運動ではなく、一般大衆を含むムスリム社会を地道に教導していくことが重要である」というものであり、こうした、現行の政体を脅かさない穏当な言論が生産されることになります。

こうしたウラマーの態度は、あまりにも体制に迎合しすぎているという印象を人々に与えてしまいます。結果として、一部のムスリムの信用を失い、ISを含む反体制運動を支持する層を生んでしまう遠因になっていることは否めないでしょう。

3 ジハードとは何か？

†現代で好まれる「防衛ジハード」論

ジハードとは、通常「聖戦」あるいは「奮闘努力」などと翻訳され、日本でもよく知られている言葉です。

9・11以降、グローバルな対米ジハード運動が高まりを見せるなかで、イスラームに敵対的な考えを持つ陣営から、ジハードの概念に焦点を当てイスラームの「暴力性」を批難する声が高まりました。

こうした批判に対して、「イスラームは暴力的な宗教ではない」ということを訴えるために、イスラームを擁護する陣営（これには、ムスリムも非ムスリムも含まれます）から「防衛ジハード」論が主張されています。

「防衛ジハード」論とはすなわち、「ジハードとは自衛のための防衛的な概念であり、イスラームでは本来的に防衛戦争しか許されていない」という考え方です。

もっとも、（特に日本では）誤解が生じやすい点だと思いますが、「防衛ジハード」論の戦争観は、かならずしも現代の用語で言うところの「専守防衛」のことではありません。つまり、「防衛ジハード」論者も、敵からの物理的な侵略を受けて初めて戦闘が許容されると言っているのではありません。あくまで、敵性異教徒に対する（現代で言うところの）「予防戦争」の範囲まで、この「防衛ジハード」という考え方は内包することがあります。

いずれにしても、「防衛ジハード」論の立場をとる学者は、ムハンマドの時代のジハードも、イスラーム法学で論じられているジハードも、すべて「防衛的」なものと認識し、ムスリムとイスラームの領土を自衛するための必要不可欠な戦争がジハードである、と規定します。

日本でも、「防衛ジハード」論の考え方をそのまま援用し、「ジハード」＝「自衛戦争」であるという説明がなされることが少なくありません。

日本を代表するイスラーム思想研究者のひとりである塩尻和子氏は、ジハードとは「ムスリムの領土に外部から異教徒が侵攻してくる場合に限られる」戦闘であり、「郷土防衛の小ジハードは原則的にはムスリムに許された唯一の戦争」であると説明しています。[25] 拓殖大学イスラーム研究所客員教授の渥美堅持氏は、「ジハードが規定する戦争とは、あくまでも防衛戦争で、イスラーム教世界を守るためのものでなければなら」ない、と説きます。[26]

こうしたジハード理解は、それが近現代の一部のウラマーによって支持される学説であるという点で、「正しい」ものです。しかし、それを「唯一正統なイスラームのジハード論」と考えるのは——近現代に生まれた「過激派」の思想を抜きにして考えたとしても——間違っています。

†古典的ジハード論は本当に防衛戦論だったのか

古典的なイスラーム法学の言論空間では、「ジハードは自衛しか許されない」とか、「防衛的な戦闘しか許されない」などといった表現は当然ながら見られません。

こういったレトリックは、現代において護教論——つまり、イスラームがけっして「暴力的な宗教」ではないことを非ムスリムに納得させるためのレトリック——として編み出されたものです。

古典的には、ムスリムの側から「先制的に」（イブティダーアン）戦闘を開始することが許容されることは、スンナ派の四法学派の一致した見解でした。

むしろ、多くの学者は先制的なジハードを積極的に称揚しており、法学的には、多数派の見解では「年に最低一回は侵攻をおこなうことが義務である」とされ、少数派の見解では「可能な限りの回数の侵攻をおこなうことが義務である」とまで言われていました。

これを現代において、「ジハードでは自衛戦争しか許されず、自衛戦争しかおこなわれてこなかった」と読み替えるのは、いくらなんでも無理があるのではないかと思うかもしれません。

しかし、イスラーム法学が大成した一〇世紀と近現代とでは世界の状況が異なりますので、要は、解釈の問題になります。

つまり、かつてはムスリムによる先制攻撃によって戦争が開始されていたとしても、「実際問題としては、敵国がムスリムたちを敵視し、侵略の準備を進めていたので先手を打って攻撃したのであり、実質的には「先制的な自衛戦争」だった」と過去のジハードを認識するわけです。そのような見方をすることで、伝統的な法学者の解釈を否定することなく、現代において「防衛ジハード」論を主張することができます。

現在、世界でもっとも影響力のある法学者のひとりであるユースフ・カラダーウィーは、ジハードを「防衛的」なものと形容することに賛同する学者のひとりです。彼によれば、中世のジハード理解を現代の状況に当てはめるべきではありません。彼は言います。

不信仰者に対して毎年侵攻をおこなうことについて言えば、われわれがすでに証明したように、アッラーの書（クルアーン）にも、アッラーの使徒の慣行にもそれを示すテクストは存在しない。それは法学者たちの演繹の結果に他ならず、彼らが生きる現実と、彼らを取り囲む非ムスリムたち——特に東ローマ——の存在が彼らをそれ（年に一回の侵攻が義務であるとの解釈）へと促したのである。彼らは彼らによって脅かされており、彼らの国境を防衛する必要があった。そして、多くの者の考えでは、防衛のための最善の方法は（先制攻撃による）侵攻だったのである。[27]

つまり、「ジハードという概念自体は一貫して自衛のための「防衛的」戦闘を許容するものであったが、中世の政治情勢において、自衛は先制攻撃によってのみ果たされ得たため、法学者は、年に一度の侵攻が義務であるとの解釈に行きついたのだ」と解釈されるということです。

†「穏健派」による「防衛ジハード」論批判――ブーティーの例

こんにち、「防衛ジハード」論は多くの論客によって採用されています。しかし、いわゆる「穏健派」の陣営が「防衛ジハード」論を採用し、「過激派」はそれを拒絶している、という単純な構図があるわけではありません。

非ムスリム社会の感情に配慮するあまり、ジハードの概念を「必要不可欠な自衛戦争」の範囲にまで矮小化し、ジハードの義務性を否定し、過度に「平和主義」を装おうとする態度に対しては、「穏健派」の陣営からも批判や苦言が提起されています。

ジハードを「防衛的」な戦闘に無理に限定して理解しようと努める風潮に対するブーティーの批判はその適例です――なお、上述のように、ブーティーは強硬な反サラフ主義・反ジハード主義の学者で、「穏健派」の代表格と言ってよい人物です。

ブーティーは、ジハードを「防衛的」か「侵攻的」かと問うこと自体が誤りだと言います。

アッラーの道におけるジハードを、防衛戦争と侵攻戦争に分類することにはまったく意味がない。ジハードが義務づけられた目的は、防衛それ自体でも、侵攻それ自体でもない。その核心は、要求されるあらゆるイスラーム的な諸制度・諸原則のととのった、イスラーム的社会の建設の必要性である。ここにおいて、それが侵攻によってもたらされたか、あるいは防衛によってもたらされたかということは問題ではない。[28]

ブーティーは、ジハードの概念について、二種類の誤った理解がはびこっていると考えます。

それ（ジハードの概念）に着せられた誤解と歪曲は、外見上は相矛盾するも内実は同根の二つの見地のなかに具現化している。というのも、二つのそれぞれが、ジハードの義務をその根幹から停止させることを志向する有力な手段を形成しているからである。

第一の見地とは、「イスラームは剣によってのみ拡大した」「預言者とその教友は強制を強行した」「彼らの手によるイスラームの拡大は、征服と抑圧による拡大であり、納得と熟考による拡大ではなかった」との主張である。[29]

第一の種類の誤解とは、このように、ジハードを殺戮と強制的改宗の伴う侵略と考える見方です。では、もう一方の誤解とは何でしょうか。

> ムスリムたちがこの誤謬（イスラームは剣の宗教であり、強制的な改宗によって拡大したとの誤謬）に対して反論を試みている最中、まさにこれらの疑念を差し挟んだ者たちのただ中から、公正な見識と研究の末に、イスラームの擁護を試みる者たちが現れ、この嫌疑に反論してつぎのように言うようになった。「イスラームは、彼らが言うような剣と矢と抑圧の宗教ではない。それは、それとは反対に、愛と平和の宗教であり、侵略の意図を持つ敵意に対する反撃が不可欠である場合以外には、ジハードは義務とならないのである。非戦に至る何らかの手段がある限り、その民が戦争を望むことはない[30]」。

ブーティーはこのように述べ、先の暴力的なジハード理解への反論の必要性から、非暴力的なジハード理解が提起されたと言います。彼は続けます。

> ムスリムのうちの単細胞な者たちは、この「すばらしい」擁護に飛びついて久しい。最初の愚かな不正（イスラームは暴力の宗教との主張）に多大な影響を受けていた彼らは、これ（イスラームは愛と平和の宗教であるとの主張）を快く受け入れる準備ができていたのである。そして彼らは次々と、それを助け、強調し、イスラームは実際に彼らが言う

とおりのものであるということを示すための証拠を捻出し始めた。すなわち、(イスラーム は)非暴力と融和の宗教であり、その土地のただ中に他者が侵入し、その静寂とまどろみからそれを覚醒させない限りは、他者には影響を与えない宗教であると。[31]

このような非暴力的・非介入的なジハード理解は、「イスラームは暴力的な宗教である」との批判に辟易していたムスリムの一般大衆によって、快く受け入れられたのです。しかしブーティーは、この第二の種類のジハード理解も「罠」だと説きます。

これらの単細胞な者たちは、これこそが欲されていた結果であることに気がついていないのである。これこそがまさに、第一の流言を拡散し、その後に第二の虚偽を放流したすべての者が秘密裏に求めていた目的である。

目指されていることは、注意深く精査された種々の前提・方法が採用され、その結果として、ジハードという概念がムスリムの心から消え去り、ムスリムの胸中にある大志が死すことである。[32]

ブーティーはこのように、「ジハードは侵略戦争であり、イスラームは暴力の宗教である」という虚言と、「ジハードは自衛に限定される防衛戦争であり、イスラームは非暴力の宗教である」という虚言は表裏一体のものであり、ムスリムの弱体化という共通の目的を持つと言います。

以上のように、「ジハードは自衛戦争に限定されるのか否か」というこの個別的論点においては、「穏健派／過激派」のあいだで意見が峻別されるわけではなく、ひろく、法学者全体のあいだに見解の相違があることがわかります。

†ジハードの目的

では、「防衛ジハード」論を採用しない論客においては、自衛の他にどのようなジハードの目的が想定されているのでしょうか。

答えは単純で、一般的には「イスラームの宣教のため」とされます。

ただし、武力征服によって、征服した土地の人間を強制的に改宗させるということではありません——歴史的にもそのような営みはおこなわれませんでした。そうではなく、人々がイスラームのメッセージを知ることができ、望む者が自由にムスリムになることができる空間を確保すること、それがジハードの目的であると言われます。

二〇世紀を代表する法学者のひとりであるワフバ・ズハイリーは、古典で論じられているジハードのもろもろの目的を、現代の国際情勢に即して、現代的な表現に整理しなおし、ジハードがおこなわれ得るパターンを以下の三つにまとめています。[33]

(1) 宣教の自由が妨げられるか、宗教的な問題で騒擾を引き起こされるか、実際に攻撃を仕掛けられるなどして、神へと呼びかける者(宣教者)が侵害されたとき。
(2) 不正に虐げられる個人、あるいは集団を助けるため。
(3) 生命と郷土の防衛のため。

「防衛ジハード」論において想定されるジハードの目的は(3)のみですが、この他に、イスラームの宣教の自由が確保されるためのジハード＝(1)と、人道的介入に相当するジハード＝(2)が、近代国家の枠組みのなかでも起こりうるジハードの形だとされています。

†ジハード主義者のジハード論の特徴——ムスリムの為政者へのジハード

「ジハード主義」という名称から、「ジハード主義者はジハードという概念の正当性を認め、非・ジハード主義者はジハードという概念を認めていない」と考えるのはまったくの間違いです。

先のワフバ・ズハイリーは、ジハードは、終末直前までけっして「廃棄」されないムスリムの義務であると言います（もっともこの見解は、「穏健派」を含むウラマーたちの一致した見解ですので、ズハイリー特有のものではありません）。ズハイリーはまた、西洋人は、ムスリムたちが団結してその敵に対抗することがないように、「戦闘的なジハードは現代において実施すべきではない」との考えがムスリムのあいだに拡充されることを望んでおり、ジハードの概念がムスリムの心に復興することを恐れている、と言います。[34]

このように、ジハードという概念自体は、ジハード主義であろうとなかろうと、イスラームの正統な教義だと考えられています。

では、ジハード主義者のジハード論にはどのような特徴があるのでしょうか。

第一は、ムスリムを統治する「ムスリムの不正な為政者」に対してジハードを宣言することです。この点は、非・ジハード主義者と大きく見解を違えるジハード主義の大きな特徴です。

通常ジハードは、ムスリムではない敵に対しておこなわれることです。しかしジハード主義者は、シャリーアの施行を拒み、ムスリムを拷問の末に殺傷するような為政者を武力による討伐の対象であると考え、そのための闘争をジハードと位置づけます。これは、第二章ですでに書いたとおりです。

†ジハード主義者のジハード論の特徴――敵方の「戦闘員」の範囲

第二に、ジハード主義者のジハード論の特徴として、敵方の「戦闘員」として捉える人間の範囲が広いという点を挙げることができます。

イスラームでは、戦闘において、相手方の「戦闘員」以外の人間に物理的攻撃を加えることは許されません。イスラーム法においては、交戦するさいの敵方の「戦闘員」は「成人男性」のみと規定されます。したがって、女性と子供を攻撃することは禁止されます（これは、法学者の一致した見解です）。また、「成人男性」であっても、「老人」「身体虚弱者」「精神薄弱者」「狂人」「盲者」「下半身不随者」「麻痺者」「手足の切断された者」「右手を切断された者」「雇われ労働者」「隠遁した修道者」「商人」「職人」「両性具有者」「農民」などは、（細かい議論はいろいろあるのですが）多数派の見解では攻撃対象とすることは許されません。[35] それ以外の「成人男性」は、「戦闘員」として包括されます。

古典的には、このように「非戦闘員の範疇に含まれる人間」と「戦闘員の範疇に含まれる人間」が区別されていました。しかしながら、「戦闘員の範疇に含まれる人間」を、さらに、実際に従軍している状態の「軍人」と従軍していない状態の「一般市民」に区別することはありませんでした。前近代には、排他的な「国境」を有し、国境の内側の人間を「国民」として絶対的に統治するような近代国家はありませんでしたので、ひとつの「国」はひとつの宗教的・民族的共同体と捉えられ、戦争をおこなうさいには右に挙げた「老人」や「身体虚弱者」などの一部の例外を除き、基本的に「成人男性」はその共同体の「戦闘員」として括られていたのです。

現代のジハード主義者は、往々にして、この古典的な「戦闘員／非戦闘員」の区別を現代にもそのまま適用します。

たとえば、9・11においては、ウサーマ・イブン・ラーディン指揮下の当時のアル・カーイダは、ニューヨークの世界貿易センタービルを攻撃対象としました。世界貿易センタービルに軍人や政治家がいるわけではありません。ここが攻撃対象となりえたのは、ビルのなかにいる人間が「一般市民」ではなく「戦闘員」とみなされたからです。「過激派」が、クラブハウスなどの「一般市民」が集まる場所を攻撃目標に定めることを厭わないのは、このため――「軍人」と「非・軍人」という現代的な区別を設けないから――です。

なお、「爆弾テロ」による攻撃では（本来攻撃が禁じられている）女性の犠牲も出るのですが、それは、コラテラル・ダメージ（やむを得ないまきぞえの犠牲）として処理されます。

コラテラル・ダメージについては古典的なイスラーム法学でも詳しい議論がなされてき

ました。結論としては、「火攻め」「石などの重厚な武器による攻撃」「飛び道具による攻撃」「夜襲」「水攻め」などが有効だと考えられる場合は、女性や子供が被害にあう公算が高くとも攻撃をおこなうことが許容されます[36]。

ジハード主義者は、このような背景から、「一般市民」が集まる場所などに「ジハード」と称して攻撃をおこなうわけです。

一方、「一般市民」に対する「爆弾テロ」などを批判する「穏健派」の論客は、上述の古典的な「戦闘員」の定義をそのまま単純に現代で適用することはしません。戦闘員ではない「市民」(マダニー)を攻撃することは禁じられる、と説かれます。

また、ジハード主義者と非・ジハード主義者とでは、現在のイスラーム世界が、アメリカ合衆国とその連合国の「侵略」にあっているのか否かについて認識が異なります。この認識の違いが、そもそもの背景でもあります。ジハード主義者の認識では、イスラーム諸国全体はアメリカなどの侵略にあっているため、(ジハード主義者の認識における)「戦闘員」であるアメリカなどの国民を攻撃対象とすることが正当化されるのです。

4　前提となる思想的状況とは？

本章では、（1）不正な為政者への武装蜂起の問題、（2）カリフ位の問題、（3）ジハードの問題をとりあげ、「穏健派」と「過激派」の考え方の違いを垣間見ました。両陣営のあいだの対立は、多くの場合は水掛け論に終始しており、解消に向かう道筋は見えていません。

この問題は、「穏健派」と「過激派」のあいだの対立という個別的な問題領域で完結するものではなく、より広く見れば、解釈の正統性をめぐるより大きな問題のなかに位置づけられます。つまり、「だれがおこなう、どの解釈が正しいのか？」あるいは、「解釈する権威を持つのはだれなのか？」という問題です。

これらの問いに対する正しい答えを見分ける明白な指標はありません。

第一章で述べたように、イスラームは、唯一の「正統教義」を決定する「公会議」のようなものを持ちませんので、或るひとつの立場だけが、なんらかの手続きをとおした正統性を帯び、人々を納得させるということはできないのです。また、イスラームが政治的なレヴェルで正統性を持つ存在は「カリフ」ですが、現在のイスラーム世界には多数派に承認された「カリフ」は存在しないため、「官軍」が存在しません。「正統」は今や、さまざまな論者から提出される互いに対立する雑多な宗教的言論のなかから、ムスリム個々人が探し出さなければならないものになっています。こうした現状のなかで、特定の言論の内容の正しさを信じて、「過激派」にリクルートされるムスリムも出てきます。

次章、第四章では、こうした問題系の背景となる現象に焦点を当ててみたいと思います。現代のムスリムは、解釈の正統性／解釈権威の問題をめぐって、どのような思想的状況に置かれているのでしょうか。「イジュティハード」という、イスラームの再解釈を促す概念をフックに、複数の論客のあいだの解釈の衝突という現象について考えてみましょう。

コラム④ ジハード

ジハードは、アッラーからムスリムに命じられた義務とされます。「軽々と、また重々しく突き進め。そしておまえたちは、おまえたちの財産とおまえたちの命を捧げて、アッラーの道においてジハードせよ」(クルアーン九章四一節)。

ジハードの語義は「努力すること」です。イスラームの宗教的な意味合いで用いられる場合は、「敵に対する抵抗において努力すること」を意味します。

ジハードにおいて想定される「敵」は、(1)ムスリムと交戦する異教徒、(2)悪魔、(3)自我に大別されます。悪魔の誘惑や、自己の悪い欲望と闘うことも、ジハードの一般的な意味に含まれるということです。

一部の学者は、ジハードを「大ジハード」と「小ジハード」に分類します。大ジハードとは自我との闘いであり、小ジハードとは、イスラームのための異教徒との戦争を言います。

イスラーム法学においては、往々にして「異教徒との戦闘」の意味で「ジハード」が言及されます。イスラーム法学が身体の行為を対象とする学問であることにかんがみれば、このことは当然と言えるでしょう。この意味でのジハードは、大きく二種類に分かれます。

ひとつは、カリフの発令によって、イスラーム圏の拡大のために開始される拡大ジハードです。ムスリムの成人男性が徴兵の対象となり、カリフの権限で徴兵された場合は、それに応じることが義務となります。

もうひとつは、敵がイスラーム圏に侵入することで、当該地域のムスリムに自動的に義務づけられる、防衛のためのジハードです。

本書で言及したように、近年では、不正なムスリムの為政者に対する戦闘もジハードと考えられることがあります（革命のジハード）。

異教徒との戦闘の意味でのジハードについては、戦闘開始の手続き、戦闘にあたっての規律、戦後処理などが、イスラーム法学において詳細に定められています。言ってみれば、この戦争はきわめて「事務的に」手続きが進められるのです。その意味でジハードは、いわゆる「殲滅戦」ではなく、あきらかな「限定戦争」です。また、敵の支配地域の住民をムスリムに強制的に改宗させるようなこともおこなわれません。

ジハードがおこなわれる目的は、一般的には、イスラームとムスリムの防衛、および、イスラームの宣教が人々に行き届く空間の確保です。本書で言及したように、近現代においては「防衛」のみがジハードの目的であるとする見解も広まっています。

ジハードはしばしば「聖戦」と訳されますが、絶対善と絶対悪のあいだで戦われる終末論的な戦闘とは限りませんので、「正戦」の訳語が適切かもしれません。ただし、「戦」という漢字から物理的な暴力の行使を連想してしまう人が多いことから、「聖戦」や「正戦」という訳語を嫌い、「努力」「奮闘努力」などの訳語を用いる人も増えてきています。

▼さらに知りたい人のための次の一冊

アル＝マーワルディー『統治の諸規則』（湯川武訳、慶應義塾大学出版会）

第四章

解釈の正統性をめぐる問い

——だれがイジュティハードをするのか?

イスラーム以外のさまざまな宗教と同じように、社会が近代化されるにつれて、イスラームもさまざまな実践上・言説上の変化を経験しました。

それらの変化のひとつに、「イジュティハードの必要性を訴える声の高まり」があります。詳しくは後述しますが、イジュティハードとは、既存の学説に追従するのではなく、或る問題について根本的な解釈を導き出すことを言います（イジュティハードの詳しい意味についてはコラム⑤もご参照ください）。

この現象は、現代イスラームの宗教的な解釈にまつわる問題系の、もっとも基礎的な部分の形成にかかわっています。

もっとも、特定の時代に或る結論が提出された問題がより後の時代に「再解釈」され別の結論が示されるということは、ひんぱんにおこなわれてきました。第一章で述べたように、イスラームには、どれかひとつの結論だけが「唯一の正統説」として認定されるシステムは存在しないからです。

しかし、近現代において要請されてきたイジュティハードは、そのようなレヴェルで「再解釈」をおこなうことを意味するのではありません。そうではなく、そういった伝統的な解釈をおこなってきた主体や、解釈の方法にかかわる伝統的な枠組み自体の「編み直し」を求める声として、イジュティハード論が活発になってきたのです。

言いかえれば、近現代において要請されているイジュティハードとは、多くの場合、宗教権威の伝統的な構造や、宗教的解釈の伝統的なありかたに関わる問題について、「抜本的な再解釈」をおこなうことを意味します。

本書ではこれまで、「過激派」と「穏健派」の神学的な布置、見解の相違、批判の論点などについて論じてきました。これらの問題も、より広い文脈で言えば、近現代におけるイジュティハードの要請という現象と関連があります。

終章となる本章では、さまざまな立場や主体が対立する背景となっている思想的状況、特に、宗教的な問題の解釈の内容、および主体の正統性をめぐる思想的状況として、「イジュティハードを求める時代的な気運」を紹介したいと思います。

まずは、イジュティハードについてお話しする前に、イジュティハードが求められる前提について考えてみましょう。「抜本的な再解釈」が要請されるということは、裏を返せば、「解釈が硬直化している現状」があるということです。ですので、解釈が「硬直化」されてきたということの「事実」を、まずは確認したいと思います。

1　イスラーム法学における解釈の制限

聖職者階級や教会制度を持たないイスラームには、「正しい」教義を決定する「正当な手続き」や「資格」のようなものは存在しません。このことは、これまで何度も言及してきたとおりです。しかしながらこのことは、だれもが「自由に」（自分の趣向の赴くままに）宗教的な問題を解釈できる、ということを意味するのではありません。個別的な学問分野においては、その学問を論じる資格や条件が詳細に議論される場合があります。

イスラーム法学における「イジュティハード」と「タクリード」にかんする議論はその最たる例です。

イスラーム法学に関連するいくつかの装置は、法解釈の安定性を維持するために、解釈の地平を制限する役割を果たしました。キーワードとなるのがタクリードです。このタクリードこそ、近現代のイジュティハードの活性化を求める言説のなかで、イスラームの解釈を「硬直化」させた原因のひとつとして指摘されている概念です。

なお、ここからすこしイスラーム法学の話になりますので、法学と神学の違いを簡単に説明しておきたいと思います。どちらもイスラームの教えを論じる学問分野であることに違いはありませんが、法学とは、ムスリムが身体によっておこなう行為、あるいは口によって発する言葉を対象とします。たとえば、一日五回の礼拝が義務であることや、礼拝の方法、礼拝のときにしなければならないことやしてはならないことなどは、法学のなかで論じられます。一方、神学は、ムスリムが頭のなかで何を信じるべきかを論じる学問です。たとえば、創造主が無始なる存在であること、ムハンマドが預言者であることなどは、神学で論じられる主題です。もちろん、両学問分野にまたがる問題もありますが、簡単に言えばそのように区別することができます。

†イジュティハードとタクリード

イスラーム法学では、イスラーム法の解釈をおこなう学者――すなわち法学者――を、「ムジュタヒド」と「ムカッリド」に大別する伝統が、かなり初期の段階で生まれました。ムジュタヒドとは、「イジュティハードをおこなう者」を意味し、ムカッリドは、「タクリードをおこなう者」を意味します。

では、イジュティハードとタクリードとはいったい何を意味するのでしょうか？

イジュティハードとは、j-h-d を語根とする動詞"ijtahada"の動名詞で、「法学者が、個

ムジュタヒド	イジュティハードをおこなう者
ムカッリド	タクリードをおこなう者

別的な典拠（を精査すること）をつうじて、法規定を演繹することに最善の努力を尽くすこと」を意味します。[37]

簡単に言えば、特定の問題についての適切な典拠を見つけ出し、特定の法解釈を独自に／自力で導き出すことを意味します。

一方のタクリードは、q-l-d を語根とする動詞"qallada"の動名詞で、「証拠や典拠を知ることなく、他人の見解に従うこと」を意味します。ムカッリドとはつまり、イジュティハードをおこなうための条件を満たさず、ムジュタヒドが導き出した学説へ「タクリード」する者を意味します。

イスラーム法学では、独自の法解釈をおこなうための十分な資格を具えた法学者は「ムジュタヒド」と定義され、学派に伝わる先達の見解に従う法学者である「ムカッリド」と区別されてきました。

†ムジュタヒドとムカッリドの位階

たとえば、スンナ派でもっとも帰属信徒が多いと言われるアブー・ハニーファ学派には、法学者の位階をつぎの七つに分ける伝統があります。[38] なお、これ以外の分類方法もありますので、あくまでこれは一例ということでお聞きください。

①聖法のムジュタヒド：イスラーム法を解釈するための法則を一から確立した者。

②学派のムジュタヒド：「聖法のムジュタヒド」が確立した法則に依拠して法規定を導出することが可能な者。このレヴェルのムジュタヒドは、法解釈の法則において「聖法のムジュタヒド」に完全に依拠しますが、個々の法規定を論じるさいには「聖法のムジュタヒド」と見解を違えることがあります。

③学派の父祖に伝わるテクストが存在しない問題についてのムジュタヒド：「聖法のムジュタヒド」や「学派のムジュタヒド」の見解が伝わっていない問題について、法規定を導出することが可能な者。このレヴェルのムジュタヒドは、法解釈の法則においても、個々の法規定を論じるさいにも、「聖法のムジュタヒド」と見解を違えることはありません。

④導出するムカッリド：イジュティハードをおこなうことはできないものの、複数の意味にとることができるテクストの文言や、法学祖やその高弟に伝わる学説について、その詳細を解き明かすことができる者を指します。

⑤比較するムカッリド：先達の学説として伝わる複数の学説のうち、どの学説が有力で

あるのかを示し、論じることができる者を指します。
⑥優位なものと劣位のものを識別するムカッリド：根拠の薄い学説について語らず、有力な見解を伝えるのみの者を指します。
⑦以上をおこなう能力を持たないムカッリド。

①から③までが「ムジュタヒド」で、④から⑦までが「ムカッリド」と呼ばれているのがわかります。

そして、これら七つの位階それぞれには、上位から下位に下るほど、時代的にも後代の法学者が分類されます。それぞれの位階に分類される法学者の具体例を見てみるとつぎのようになります[39]。

①聖法のムジュタヒド：アブー・ハニーファ（七六七年没）
②学派のムジュタヒド：アブー・ユースフ（七九八年没）やシャイバーニー（八〇五年頃没）など、アブー・ハニーファの高弟たち。
③学派の父祖に伝わるテクストが存在しない問題についてのムジュタヒド：タハーウィー（九三三年没）、カルヒー（九五二年没）など。

④導出するムカッリド：ラーズィー（一二〇九年没）など。
⑤比較するムカッリド：マルギーナーニー（一一九七年没）など。
⑥優位なものと劣位のものを識別するムカッリド：アブルバラカート・ナサフィー（一三五〇年没）など。
⑦以上をおこなう能力を持たないムカッリド：ハスカフィー（一六七七年没）など。

このように、後の時代になればなるほど、解釈の方法や選択できる選択肢は狭まっていきました。後代の法学者の解釈は、その法学者が帰属する法学派の学祖や、先代の大学者の解釈の方針から外れないかたちでおこなわれたということです。

さらに、多数の学者が、ムジュタヒドの位階に分類され得る学者はすでに地上から消滅した、と考えるようになりました。これは、「イジュティハードの門の閉鎖」と呼ばれます。もはやイジュティハードは存在し得ず、先代の解釈にタクリードすることがムスリムの義務である、と考えられたのです。

もっともこれには異論もあり、ムジュタヒドは時代をとおして存在し続けるとする説も存在しました。しかし、前者の考え方がイスラーム世界で広く受け入れられてきました。

本書において、二つの説の攻防の詳細に踏み込むことは避けたいと思います。私が強調しておきたいことは、いずれにしても、先代のムジュタヒドと法学派へのタクリードが、前近代までのイスラーム法実践の基本的な方針として広く採用されていた、という事実です。

†四大法学派への追従

コラム③で触れたように、スンナ派法学においては、アブー・ハニーファ学派、シャーフィイー学派、マーリク学派、イブン・ハンバル学派の四つの法学派が台頭しました。この四つの法学派の権威が確立すると、ムスリム各人はこれらのいずれかの法学派の見解にしたがうべきであるとの見解が支配的になりました。また、一般信徒ではなく、それぞれの学派の系譜に属する法学者たちの見解も、学祖や先代の法学者の見解とのあいだに一定の統一性が保たれるように、そして、解釈の幅があまり広がらないように、解釈の方法が定められました。

法学派や先代へのタクリードが説かれたひとつの背景には、「時が進むにつれて、知識は廃れていく」というイスラームの歴史観があります。

時代の流れとともに知識が蓄積されて、知識量が増えていく俗世の学問分野とは異なり、イスラーム学の場合は、完全な知識を有する預言者が最初に存在し、世代交代のたびに、世界はその知識の源泉から時間的に遠ざかっていきます。

預言者に近い世代のほうが、記憶されるハディースの数も多く、人格的な徳や、演繹するための知性も高いと認識されています。ムハンマドも、「最善の世代は私の世代である。そのつぎは彼らに続く者たち。そのつぎはその彼らに続く者たちである」と言い残しているとおりです。

こうした「下降史観」も、先代へのタクリードが好まれた背景のひとつと言えます。

†体系化か？　硬直化か？

先代のムジュタヒドや特定の法学派へのタクリードが好まれたもうひとつの背景として、法的安定性の確保と、法の予測可能性の維持への社会的要請も指摘できます。

たしかに、複数のイジュティハードの結論は互いに対等であるという原則を考慮すれば、過去のイジュティハードの結果を破棄し、絶えず当代の新しい解釈を生み出していくということも、潜在的には可能でした。

しかしながら、そのような選択は、法の「安定性」を脅かす危険性とつねに隣りあわせです。おなじ問題について絶えず異なる説が提出され続けることは、社会の安定にとってマイナスとなります。法的な言説は、人々からある程度「予測」され得ることで、その社会的な正統性が維持される側面があります。

法的安定性の確保は、独自の法解釈の能力を持つとされるムジュタヒドの法解釈の権能にも優先され得るものです。たとえば、「或るひとつの地域が多数のムジュタヒドの法学者で埋め尽くされた場合、そのなかのどのムジュタヒドに追従することも許されるのか」という問題がイスラーム法学のなかに存在します。少なからぬ法学者の支持する説によれば、そのような状況下では、それらのムジュタヒドたちのなかのもっとも学識ある者にタクリードすることが信徒の義務となり、それ以外のムジュタヒドにタクリードすることが禁止されると言われます。[40] こうした規定が設けられる目的が、法的安定性の確保にあることは疑いを入れないでしょう。

タクリードへの指向性は、人々が、自分の行為に対する社会の反応を「予期」するための、合理的な法体系の形成を助ける役割を持つのです。

さらに言えば、タクリードを実践せず、個々の問題についてつねにイジュティハードをおこなうよう努めるとすれば、社会自体を維持することが不可能となり、文明が崩壊するとまで考えられています。[41]

しかしながら、タクリードの伝統は、新しい解釈をおこなうことを阻む「硬直性」をイスラーム法的言説のなかにもたらしたと認識することも可能です。社会が近代化され、諸制度が大きく変化するなか、イスラーム法の言説を支配するタクリード的な指向性を見直し、イジュティハードを活性化させる方向に舵を切るべきだと主張する声が高まっていったのでした。イジュティハードこそが、イスラーム社会を停滞から救う鍵であると考えられたのです。

2 近現代におけるイジュティハードの要請

イジュティハードは本来、イスラーム法学の専門概念です。近代化に対応するためにイジュティハードの必要性を訴え、実際にそれを実践し、社会的な改革をおこなった最初期の人物としてムハンマド・アブドゥフが挙げられますが、彼は他でもなく、アズハル大学を出たウラマーでした。

しかしながら、近現代におけるイジュティハードの要請は、ウラマーに限定されない、さまざまな立場の論客によってなされてきました。

さらに、主体の多様性のみならず、イジュティハードという言葉で意図される思想内容もじつに多岐にわたるものです。

この意味で、近現代のイスラーム思想におけるイジュティハードの要請は、ウラマーの法解釈の領域に限定されない、広い意味で宗教的言説の「抜本的な再解釈」を求める声と捉えることができるのです。

ここでは、ウラマーによって求められているイジュティハードの事例と、非ウラマーによって求められているイジュティハードの事例を見ることで、種々の立場からイジュティハードが求められているという事実を確認したいと思います。

†ウラマーによるイジュティハードの要請

近代化がすすむにつれ、イスラーム諸学に対して、どちらかといえば「古い学問」という認識を持つ人たちが増えていきました。必然的に、その担い手である伝統的なスタイルの議論をおこなうウラマーたちは、旧型の知識人ということになります。

こうした状況のなか、伝統的な学問領域を専門とするウラマーであっても、既存の学問スタイルに拘泥するのではなく、現代社会を生きる人々が直面する新しい問題に積極的に関与していかなければならないと考えるウラマーも増えていきました。

(1) 古典イスラーム法学を現代に接続する試み――カラダーウィーの例

ユースフ・カラダーウィーは、そういった指向性を持つ典型的な人物と言えるでしょう。カラダーウィーは、現在、世界でも有数の影響力と知名度を有する、「中道派」として知られるウラマーです。カタールに在住し、政治的な問題、現代的な問題についても積極的な発言をおこなっています。

カラダーウィーは、イスラームにもとづいた人生を送ろうとするのであれば、現代においてイジュティハードは必要不可欠な営為であり、それは、許容事項であるばかりでなく、イスラーム共同体に課せられた「義務」であるとまで言います。[42]

では、どのような形のジュティハードが求められるのでしょうか。

カラダーウィーは、こんにちにおいて求められるイジュティハードを二つに大別します。[43]

第一は、「選択的イジュティハード」（イジュティハード・インティカーイー）です。この種のイジュティハードは、古典的なイスラーム法学の言説のなかに蓄積されてきたさまざまな学説・可能性を比較検討し、現代人に適した結論を見つけ出すことを意味します。古典のなかに、新たな実践の方策を「発掘」するスタイルのイジュティハード、つまり、温故知新型のイジュティハードです。

ユースフ・カラダーウィー
写真出典：同氏の公式ツイッターアカウント[@alqaradawy]より

カラダーウィーによれば、この種のイジュティハードが必要とされる要因は三つあります。

①社会情勢と政治的状況の変化
②自然科学に代表される、諸学問分野の発達
③社会の必要と、不可避的要因

です。

①の例としては、たとえば「処女の女性の婚姻契約の主体」の問題が挙げられます。シャーフィイー学派、マーリク学派、およびイブン・ハンバル学派の多数派の見解では、処女の女性の場合、父親がその娘の結婚相手を決定する権利を有するとされます。つまり、女性が処女の場合、婚姻契約を締結する主体は、その女性の父親と、結婚相手の男性ということです。これは、相手の男がどのような人間であるかは、おなじ男性のほうがよく知っており、あまり外出することのない女性よりも、父親のほうがその女性に最適と思われる人間を選ぶことができるためです。しかしながら、現代は、女性をとりまく環境が昔とはまったく異なります。女性も社会に進出し、文化的・社会的活動に参加し、大学で学び、働いています。このような時代においては、多数派の説ではなく、「処女であっても、自分の婚姻相手を決定する権利を女性自身が有する」とするアブー・ハニーファ学派の説が

選択されるべきである、とカラダーウィーは言います。
②の例としては、たとえば「子の親権を持ち得る人間の数」の問題が挙げられます。古典法学には、或る人の父親であることを主張する男が複数名存在した場合、状況によっては、二名あるいは三名に（相続権などが発生する）親権を認め得るとする説がありました。しかし、近代自然科学の発達により、自然妊娠によって生まれるひとりの人間の父親は一名のみであることがわかっています。したがって、二名または三名の男に親権を認める説は退けられるべきである、とカラダーウィーは言います。
③の例としては、「ムスハフ（クルアーンが本の形になったもの）の売買」の問題が挙げられます。
古典的学説では、ムスハフを売却することは禁止事項、あるいは忌避事項とされていました。しかし、現代社会においては、市場経済をとおしてムスハフを流通させる必要性が認められるため、売買の対象とすることが許容されると言います。

カラダーウィーが求める第二の種類のイジュティハードは、「創出的イジュティハード」（イジュティハード・インシャーイー）です。これは、これまでイスラーム法学で論じられていない問題を、新たに議論の対象とすることを意味します。

たとえば、大巡礼のさいの飛行機での移動と、「イフラーム」（巡礼のための禁忌状態）

に入る地点の問題があります。イフラームを意図すると、巡礼が開始されたことになり、性交や散髪、食用動物の屠殺などが禁じられます。そういう状態に入ることを、イフラームと言います。本来は、マッカへの巡礼をおこなう巡礼者がイフラームに入る地点は、ズル・フライファ、ジャハファ、カルヌル・マナーズィル、ヤラムラム、ザート・イルクの五つの場所と定められています。しかし、こんにちの巡礼者の多くは、飛行機の機内でこれらの地点を通過し、ジェッダに降り立つことになります。この場合、――こんにちの一部の学者がファトワーを布告しているように――本来の「ミーカート」（イフラームに入るべき地点）ではなく、ジェッダからイフラームに入ることを許容する説を支持する、とカラダーウィーは述べます。

この見解を支持する根拠として、イスラーム法学における「タイスィール」（簡易化）の原則、および、海上でミーカートのテリトリー内部を通過する巡礼者の規定についての古典的学説を挙げています。

この問題は、飛行機が存在しない時代には想定されていない問題ですので、「創出的イジュティハード」の対象とされています。

またカラダーウィーは、「選択的イジュティハード」と「創出的イジュティハード」の両方にまたがる問題として、人工妊娠中絶が許容される時期の問題などを挙げています。

(2) 近代西洋諸学受容の試み――アルワーニーの例

故ターハー・アルワーニーは、カラダーウィーと同様の問題意識を持つイラク人のウラマーです。彼はさらに別のアプローチから、独自のイジュティハード論を提示しています。

アルワーニーは、こんにちのムスリムが抱える危機の本質を、イジュティハードの停滞とタクリード的精神の蔓延であると断定します。[44]

アルワーニーによれば、スンナの字義への固執や、特定神学派の信条やイスラーム法の古典的学説を擁護するために生まれた「党派主義」、霊学(タサウウフ)の理想を守ろうとするために生まれた厭世主義や政治的無関心が、現在のイスラーム共同体の危機の形成に直接的に与していると言います。[45] つまり、タクリード的な精神にしたがい、伝統に固執するムスリムの思考スタイルが問題だということです。

故ターハー・アルワーニー

写真出典:Ibrāhīm Salīm Abū Ḥulaywah, *Ṭāhā Jābir al-ʻAlwānī*, Beirūt: Markaz al-Ḥaḍārah li Tanmiyah al-Fikr al-Islāmī, 2011 の表紙

また彼によれば、イジュティハードの停滞は、伝統へのタクリードだけではなく、もうひとつ別のものへのタクリードを蔓延させたと言います。それは、社会

の西洋化に伴って進行した、西洋的な精神構造へのタクリードです。[46] つまり彼は、「伝統へのタクリード」と「西洋へのタクリード」という二つのタクリードを、イジュティハードを阻害する要因として挙げていることになります。

こうしたタクリード的な精神から脱却しイジュティハードを活発化させる方法としてアルワーニーが掲げるのが、「知識のイスラーム化」(Islamization of Knowledge) という運動です。

アルワーニーによれば、「知識のイスラーム化」は「ムスリムの精神を、彼らがふたたびイジュティハードに従事し、その独自の歴史に立ち返ることができるよう再構築する試みであり、そのプロセスである」と説明されます。[47]

この概念は、近代の知識体系とイスラーム的知識体系が乖離している現状に対処するために、二〇世紀後半に提唱されたものです。西洋近代で発展した諸々の学問分野の成果と、伝統的なイスラーム諸学とをつなぎ合わせ、諸学問の枠組みを再編する試みと言えます。

より単純に言いかえれば、「知識のイスラーム化」とは、近代的学問分野の成果をイスラーム学に取り込むこと、そして同時に、イスラーム学的な価値と方法にもとづいて、近代的学問分野を再編し、発展させることを目的とする運動です。

アルワーニーのイジュティハード論はしたがって、古典的なイスラーム学の枠組みに縛られない、「学際的な」ものとなります。また、この学際的なイジュティハードは、学者個人ではなく、集団・機関によっておこなわれるという特性を持ちます。

アルワーニーは、自身が要求するイジュティハードの具体的な形態をつぎのように説明します。

　イジュティハードはもはや、イスラーム法学の領域に、あるいは単一の個人には限定されない。つまりわれわれは、社会科学とイスラーム法学との間に強力な関係を構築しなければならない。（中略）われわれは、現今のファトワー評議会やイスラーム法学評議会の枠組みにとらわれない、多様なディスィプリンと専門家に基礎づけられた、集団的・機関的なイジュティハードの原則を採用すべきである。[48]

彼はこのように述べ、既存のイスラーム法学の学問的枠組みにとらわれず、それ以外の学問領域との共同作業を通じて、「学際的かつ集団的なイジュティハード」を行使するよう主張し、そのための方法論について多くの著述を残しました。

†非ウラマーによるイジュティハードの要請

上述したカラダーウィーやアルワーニーは、伝統的な知識人であるウラマーがイジュティハードの必要性を主張している事例でした。彼らが求めるイジュティハードは、古典的な言論空間を現代の問題と接続させ、古典法学とおなじ解釈地平で、現代の問題を解決していこうとする挑戦と言うことができます。

彼ら同様、さまざまなウラマーが、異なるアプローチからイジュティハードの必要性を訴え、改革・再解釈をとおして、伝統的知識を継承しようとしています。伝統的なイスラームの知識が今後どのように変化していくのかを知るためには、彼らウラマーのイジュティハード論に着目していく必要があります。

しかしながら、近現代のイジュティハードをめぐる言説の主要なアクターは、ウラマーに限定されるわけではありません。現代のイジュティハード論についての興味深い点は、こうしたウラマーとは異なる種類の——ときには、ウラマーと対立する言論を発信する——論客によって、イジュティハードの必要性がさかんに叫ばれているということです。

たとえば、ズィアウッディン・サルダルという人物がいます。彼は、ウラマー一般に対して敵対的な態度を明白に打ち出している思想家であり、後期のイスラーム諸学の伝統に批判的な立場をとります。具体的には、神秘家（スーフィー）はすべての問題を神秘的解釈に還元しようとし、神学者はすべての問題を理性的に説明しようとし、法学者はすべての問題をスンナに関連づけようとしてきた、そして、それらは誤りであった、とサルダルは辛らつに評価します。霊学（タサウウフ）・神学・法学という主要な学問分野が、ムスリム社会に盲目的追従を促し、権威主義的な精神を形成した原因であると主張します。ムスリムの思想的発展を阻害するこうした精神を改善するためにサルダルが掲げる手続きこそ、（本来、彼が批判する古典法学の術語であったはずの）イジュティハードに他なりません。彼は、イジュティハードについてつぎのように述べています。

革新と変化への適応を目指した、長い間維持され熟慮されてきたイジュティハードという動態的な原則は、何世紀ものあいだ無視されてきた。イスラーム諸文化の望ましい未来のための戦略は、この原則を回復させる方法論を打ち出すことである。イジュティハードの回復は、同時代的な輪郭を持った、イスラームの伝統の再構築を導くだろう。[49]

ここにおいて、イジュティハードはもはやイスラーム法学の専門用語としての使用法を離れています。彼が用いるイジュティハードという概念は、伝統的な言説を相対化し、新しいイスラーム的教説を提起する手続きを内包しています。
このことは、サルダルだけに当てはまるものではありません。伝統的なウラマーによるモダニストの改革的思想家であるファズルル・ラフマーンや、クルアーンの再解釈を男性優位のクルアーン解釈を批判し、性的な偏りのない視点からのクルアーンの再解釈を主張したフェミニスト、ファーティマ・メルニースィーなどの言論においても、イジュティハードは、その言論にイスラーム的な正当性を付与するための不可欠な装置としての役割を持っています。[50]
こうした思想家たちは、伝統的なイスラーム学の解釈を批判の対象とするものの、当然ながら、イスラームという宗教自体を批判するわけではないのです。それどころか、むしろ自らの思想が現代において真にイスラーム的な正当性を持つことを主張しています。そしてこの主張の根拠は、イスラームという宗教においてイジュティハードが不可欠な営為であることを、つまり、抜本的な思想改革の必然性を主張することに求められているのです。

†近代国民国家体制の正当化のためのイジュティハード

さて、こうした非ウラマーによるイジュティハード論のうち、賛否がもっとも激しく議論されるものは、イスラーム法学が直に論じている領域において、伝統的な解釈とはまったく相容れない考え方を提示するイジュティハード、つまり、「法」的な領域における（非ウラマー的な）イジュティハード論でしょう。

近代化とともにイスラーム世界に確立した西洋型の国民国家体制は、さまざまな問題について、イスラーム法の規範と相容れない規範に依拠しています。そのため、近代国家とイスラームの関係についてさまざまな疑問が提起されてきました。

不文法であるイスラーム法とは別に、国家法を法典化することは許されるのか？　あるいは、たとえ許されるとしても、国家の法律のなかには、イスラーム法の諸規定に反する内容のものが含まれているのではないか？　政体への異教徒の参加は許されるのか？　そもそも、人民に立法権を想定する民主制（デモクラシー）はイスラームで許容される政治制度なのか？　問題は山積みです。

イジュティハードは、こうした近代国家の諸制度・諸原則にイスラーム的な正当性を付与するためにも求められたのです。

近代国家の法律とイスラーム法の齟齬の問題に取り組んだ人物として、シリア人のムハンマド・シャフルールを挙げることができます——彼はダマスカス大学名誉教授で、土木工学が専門ですが、宗教的な言説も発信している思想家です。

シャフルールは、古典的なイスラーム法学をつぎのように評価します。

イスラーム法学のなかで犯されたもっとも大きな過ちは、そこから純正な性質を取り去ったことである。それ（その過ち）は、「明言された確定的なテクストが伝わる問題については、イジュティハードの余地がない」との原則を設定することでなされた。[51]

イスラーム法学の古典的な議論は、ある問題について言及するクルアーンやハディースのテクストで示された規範を、その問題についての「唯一絶対の」規範として捉え、イジュティハードを禁じるという過ちを犯した、とシャフルールは論じます。

シャフルールはまた、「イスラーム法の根幹はまさに、最低限度、あるいは最高限度、あるいはその両者を示すもろもろの限度の範囲内でのイジュティハードに他ならない」[52]と述べます。

シャフルールの法理論でキーワードのひとつとなるのがこの「限度」（ハッド）という言葉です。彼によれば、クルアーンやスンナが定めたのは法規範の「限度」であり、その限度の範囲内であれば、各時代・地域の人々が、当該社会に適した規範をイジュティハードによって導出することは、何ら誤ったことではないのです。

一例をあげれば、イスラーム法学では、窃盗罪に対する刑罰が（初犯であれば）右手首の切断と定められています。これは、全法学派の一致した見解であり、定説です。クルアーンとスンナにも明白な文言で定められており、一見、解釈の余地はなさそうに見えます。

しかし、シャフルールはこれについて、「限度」の概念を導入して古典的な議論を相対化します。彼によれば、窃盗の法定刑を定めるクルアーンの文言は、窃盗に対する刑罰の「最高限度」＝最高刑を定めたものであり、適用すべき唯一の刑罰ではありません。それぞれの時代・社会は、「手首の切断」という最高刑を超えない範囲で、窃盗についてどのような刑罰が適切であるのかをイジュティハードし、実践すべきであると主張します。

クルアーンやスンナが定める法規範は、或る問題については「最高限度」を、ある問題については「最低限度」を、また或る問題についてはその両方を定めるものであり、特定の法判断の固定化を意図するものではない、ということです。そして、定められた限度の範囲内で、各時代・地域のムスリムが適切な判断を模索してイジュティハードをおこなうことこそが神の意思である、と論じます。

シャフルールは、「限度」という概念を軸にした解釈を、刑罰のみならず、喜捨などの儀礼的な領域、食物規定、遺産相続法、家族法など、さまざまな分野に適用してみせます。シャフルールはこのようにして、近代国家の諸制度・諸原則がイスラームあるいはイスラーム法の諸原則に反するものではないと説き、イジュティハードをとおした近代化の必要性を訴えました。

同様の問題意識は、たとえばエジプトの裁判官ムハンマド・サイード・アシュマーウィーの思想にも見られます。アシュマーウィーもまた、シャフルールと同様に、古典的なイスラーム法解釈を相対化し、近代国家の法律との齟齬を解消しようと試みた人物です。アシュマーウィーは、「シャリーア」――アッラーが定めた永遠の法――と「フィクフ」――アッラーの法を理解しようと努めた人間が導出した法規定――を厳密に区分しました。そのうえで、一見、イスラーム法学と両立し得ないと思えるような現代のエジプトの法律について、身分関係法・商法・刑法などの具体的な領域で検討をおこない、これらの法律は「実質的にはイスラーム法の規範と一致している」――つまり、フィクフとは矛盾していても、シャリーアとは合致している――という結論を示そうと努めました[53]。

シャフルールやアシュマーウィーなどの論客にとって、イジュティハードという、本来イスラーム法学の専門用語である概念は、伝統的なイスラーム学の言説から離れ、国民国家の正当性を主張するために必要不可欠なものです。

彼らは、「イスラームは、イジュティハードを絶えず実践することを我々に求めている」、「近代国家の法律が古典的なイスラーム法解釈と異なるのは、現代的なイジュティハードの結果である」という理路によって、近代国民国家の諸制度にイスラーム的正当性を付与しようと努めたのです。

シャフルールやアシュマーウィーらが要請するイジュティハードは、イスラーム法学について論じているという点では、先に見たカラダーウィーやアルワーニーなどのウラマーが要請するイジュティハードと似ていると考える人もいるかもしれません。しかしながら、両陣営のイジュティハード論には、その前提、および、それがもたらす効果において大きな隔たりがあります。

カラダーウィーらのイジュティハード論には、個別的な規定を論じる「フルーウ」（イスラーム法規定学）の領域においても、法理を論じる「ウスール」（イスラーム法基礎学）の領域においても、古典的なイスラーム法解釈を「相対化」しようとする姿勢が伴いません。また彼らは、そのイジュティハード論において、自身らの理論と古典的な学説との連続性を確認する作業を怠っていません。

一方、シャフルールからのイジュティハード論は、古典的解釈を現代の議論から切断・遮断し、一から改めて解釈をおこなうことを良しとするものです。この点で、シャフルールらの求めるイジュティハードの内容は、ウラマーによって主張されるイジュティハードとは大きく趣きが異なっているのです。

3　問われるイジュティハードの主体

上述したように、こんにちのイジュティハードをめぐる言説は、ウラマーのみならず、多種多様な論客によって担われていることがその大きな特徴となっています。そのなかには、ウラマーの権威や、イスラームの伝統的な解釈に明白に異議を唱える主張も含まれています。

相反する思想を持つさまざまなアクターが、こぞってイジュティハードの有意義性とその活性化の必要性を訴えている状況がここにあります。

この状況においてもっとも重要な側面のひとつは、イジュティハードを訴えるという営為は、正統な権威・知識の保有者を名指す行為でもあるということです。

なぜなら、或る種のイジュティハードの有効性を宣言することは、その主体となる人間のムジュタヒドとしての地位を承認することを意味することにもなるからです。
たとえば、ウラマーが、こんにちにおいて許容されるイジュティハードの種類や、それに従事することができる人間＝ムジュタヒドの条件を論じるときに、そこで暗黙裡におこなわれていることが二つあります。

ひとつは、自身らの宗教権威の再確認・承認です。そしてもうひとつは、ムジュタヒドの定義にあてはまらない人間がイジュティハードに参入することの拒絶です。

イジュティハード論には、どのような解釈をおこなうのかという問題とともに、その正当な担い手はだれなのかという問題が常に付随しています。

解釈の内容を論じることは、解釈の主体・権威のありかたを論じることと等価なのです。だとすれば、「イジュティハードを求めるウラマー」と、「イジュティハードを求める非ウラマーの知識人・活動家」は、正統な解釈者の地位をめぐって対立関係にあるということになります。

†ターリク・ラマダーンの「身体刑執行猶予の呼びかけ」

スイス人の思想家ターリク・ラマダーンの「身体刑執行猶予の呼びかけ」に端を発する騒動は、この対立関係が顕在化した事例のひとつです。

ターリク・ラマダーン

写真出典：ラマダーンの著書 *What I Believe* 表紙

ラマダーンは、多元主義的な価値観を支持し、欧州人としてのムスリムのアイデンティティ確立を促している思想家です。『ヨーロッパのムスリムであること』(*To Be a European Muslim*)、『西洋のムスリムとイスラームの未来』(*Western Muslims and the Future of Islam*) などの著作があります。

ラマダーンもまた、イジュティハードの精神を評価しています。しかし彼は、現行のムスリムがおこなおうとしているイジュティハードは、伝統的なテクストに縛られた限定的なイジュティハードであり、現代のムスリムをとりまく状況を改善するためには、さらに革新的な改革が必要だと訴えています。[54]

「身体刑執行猶予の呼びかけ」は、彼が二〇〇五年に始めたキャンペーンで、現在のムスリム諸国の一部で施行されているむち打ち刑などの身体刑の施行を停止することを呼びかけるものです。[55]

なお、この呼びかけは、身体刑の「廃止」を求めるものでも、そういった刑罰の非イスラーム性を訴えるものでもありません。ラマダーンによれば、イスラームの定める身体刑は、教育水準の高い社会のなかで、公正な裁判手続きが確保された状態で初めて施行され得るものであり、現行の法運営の状況は、刑執行のためにイスラーム法で本来求められるはずの諸条件を満たしているとは言えません。ですから、イスラーム的な観点から見て、現行の身体刑運用は即刻停止すべきものである、とラマダーンは言います。

†ウラマーからの反発

ラマダーンが「身体刑執行猶予の呼びかけ」を発表した直後、各国のウラマーからラマダーンへの批判が噴出しました。

いったい、ラマダーンの呼びかけの何が問題だったのでしょうか。

ラマダーンに対する批判的言論のポイントはいくつかあります。しかし、特に注目を促したいのは、これらの批判のなかに、ラマダーンがウラマーではないという事実を問題視する声が散見されることです。つまり、ウラマーでもない人間が出しゃばったことをするな、という主張が見られるのです。

たとえば、エジプト出身のウラマーでアメリカイスラーム研究センターのセンター長であるサラーフ・スルターンは以下のように述べています。

(ターリク・ラマダーン氏は) この問題から身を引き、まずは、それをムスリム・ウラマー世界連盟やヨーロッパファトワー・研究会議、北アメリカイスラーム法学会議などに任せるべきである。また、彼自身が信頼できる、イスラーム共同体のウラマー――たとえば、ユースフ・カラダーウィー博士やファイサル・マウラウィーやターハー・ジャービル・アルワーニー博士など――を頼り、さまざまな角度から、その学びを深めるべきである。また、スーダンやサウジアラビアやイランなど、それらの法定身体刑の一部を施行している土地の、謹厳実直なウラマーたちに事態を預けるべきである。彼らがそれについてよりよく知っているのだから。[56]

ヨーロッパイスラーム諸団体連盟委員長のアフマド・ラーウィーは、「ターリク・ラマダーンは思想家、説教師である。そのため彼は、西洋との対話の問題に専従するべきだ。このキャンペーンに関しては、それにふさわしい専門家がいる」[57]と言い、この種の問題はウラマーで構成される専門機関に委ねられるべきであり、ラマダーンが論じるべき領域ではない、と苦言を呈しています。

ターハー・アルワーニーもまったく同様に、「ターリク博士（＝ラマダーン）は、この問題を、権限のある者、つまりウラマー、法学者、イスラーム法専門諸機関に委ねるのが適切である」と述べました。[58] なお、補足しておけば、こうした批判をおこなったウラマーの祖国や活動地域では、そもそもイスラーム法の身体刑は執行されていません。

こうしたラマダーンの呼びかけへの批判的言説に顕れる「解釈者の非ウラマー性の指摘」は、こうしたウラマーたちが、「どのようなイジュティハードをおこなうべきなのか」という問題と同程度に——あるいはそれ以上に——、「イジュティハードをおこなうことがだれに許されるのか」ということを問題にしていることを示しています。

解釈の内容とともに——あるいは、内容以上に——その主体が問題とされるこの事態は、近代化とともにイスラームの宗教市場が自由化し、宗教的言論を発信する側のアクターが多元化したことが背景にあります。どのようなイジュティハードをおこなうべきか、という問題以上に、だれがおこなうイジュティハードが正しいのか、ということがより大きな問題となってくるのです。

4　自由化した宗教市場のなかで

†イスラームにおける宗教市場の自由化

社会の近代化にともなう諸宗教の「公式モデル」の弱体化・希薄化は、宗教的言論内容についての規制が緩和される結果をもたらしました。つまり、キリスト教で言えば「教会」、イスラームで言えば「ウラマー」の発信する言論だけが、宗教的な正統性を独占的に有するものとは考えられなくなった、ということです。その結果、多様な形態の宗教的言論が産出されるようになったのです。

人類学者のデイル・アイケルマンとジェイムズ・ピスカトーリは、近現代においてイスラームの宗教的言説がむかえた変化のひとつとして、宗教的言説の発信者・「売り手」が多元化した事実をつぎのように指摘しています。

ウラマーはもはや――かつて有していたと仮定するならば――聖なる権威の独占的地

位を有してはいない。スーフィーの導師や、技師、教育の専門家や薬学博士、軍隊の指揮官、その他の者たちが、競ってイスラームについて語っているのである。[59]

前近代において、ウラマーは宗教的解釈においてほとんど独占的な権威を持っていました。しかし、一八世紀以降の近代化・西洋化の過程で、宗教市場が再活性化し、現在まで市場の独占が壊れた状態が続いています。[60]

つまり、イスラームの宗教市場も、キリスト教のそれとおなじように、近代化にともない、独占市場から自由市場にシフトしたということです。

伝統的な宗教権威とまっこうから対立する種類の言論が提出されたとしても、それは、伝統的な宗教権威の発信する言論とほとんど対等に、自由な宗教市場のなかで宗教的言論の受信者・「買い手」による選択・淘汰に委ねられることになります。

宗教的言論を発信するさまざまな種類のアクターたちは、自由化された宗教市場のなかでたがいに対等な（競合）関係にあるのです。

†言論の多元化と信憑性の低下

さて、このような自由な宗教市場のなかでイジュティハードを叫ぶことは、独占状態の市場でイジュティハードを論じることとは異なる作用をもたらします。

独占状態の市場でイジュティハードを論じることとは、解釈権を持つ層への権威の再回帰、あるいはその権威を再確認する行為と言えます。つまり、イジュティハードについて論じることは、ウラマーがウラマー自身の解釈の枠組みについて論じることであり、あくまで、イスラーム法学のなかの閉じた話題、インナーサークルの話題だということです。

一方、自由な宗教市場のなかで、——伝統的な用語としての用法を超えた意味を付与された再解釈の営為として——イジュティハードを促進することは、宗教的言説一般の安定性を低める働きを持ちます。つまり、イジュティハードを促進すればするほど、言論の多様性がますます拡大していくということです。

イスラーム法学の文脈だけ見てみても、イジュティハードが促進され活発な再解釈が促されるこの傾向は、「ファトワー・カオス」と呼ばれる一種の混乱をひきおこしています。[61]「ファトワー・カオス」とは、日々、さまざまな法学者から大量のファトワー——たとえば、アズハル大学では毎日一〇〇〇前後ものファトワーが布告されています——が布告され、それがサイバースペースを経由して世界中に拡散されることで、数えきれない数の相矛盾するファトワーが世界中に溢れかえっている混沌状況を言います。

こうした状況下では、だれが述べるどの解釈が正しいのかを判断することは、ますます困難になっていきます。

独占状態の市場では、伝統的な意味から離れてイジュティハードという用語を用いる人間が仮に存在したとしても、そのような言論が支持される余地はほとんどありませんでした。

しかし、自由化された宗教市場では、事情は違ってきます。もちろん、こんにちにおいてもイジュティハードの伝統的用語としての厳密な定義が議論されることはあります。しかしその場合も、「それはあくまで〝ウラマー〟が信じる中世の定義にすぎず、〝本来の〟イジュティハードはより広い意味を持つのだ」と述べ、ウラマーの意見を相対化し、よりメタなレヴェルからこの用語を再定義することが可能です。そして、そのようなことはじっさいにおこなわれているのです。

†「正統」の消失とISの拡大

自由な宗教市場においては、提出される新しい宗教的言論が、社会に受け入れられ存続するのか、あるいは支持を獲得できず市場から姿を消すのかは、言論の受信者・「買い手」の選択によって決定されます。

何らかの特権階級が、特定の条件をそろえた言論だけを市場に流通させるわけでも、市場に流通されるための厳しい条件が設けられているわけでもありません。

ＩＳのような組織がシンパを増やし、勢力を維持できるのも、この文脈と無関係ではありません。

つまり、新しい武装組織が誕生したとしても、カリフ無き時代においては、人々は、彼らを「カリフに反逆する叛徒」と自動的に認識するわけではありません。さらに、宗教市場が自由化した時代においては、いくら多数派のウラマーがＩＳの非イスラーム性を訴えたとしても、ウラマーの言葉がすべてのムスリムに対して説得力を持つわけではありません。

自由化された宗教市場においては、新しい運動や思想は、新しいイジュティハードの成果として自由市場に迎えられ、選択肢のひとつとして、宗教的言論の受信者・「買い手」の前に並べられることになります。「正統」は、客観的に存在するものではなく、個々人が選択、あるいは構築する対象となっているのです。

5　今後の流れ

本章のこれまでの話をまとめてみます。

近代化につれて、諸宗教の解釈の主体は多元化し、宗教の「公式モデル」が不明瞭になっていきました。もっとも、イスラームの場合は、そもそもキリスト教で言う「教会」組織が存在しませんが、ウラマーの学問的な権威は存在しました。しかしこんにちにおいては、広い意味でのイジュティハードが促進されることで、ウラマーの言説に対抗するような多様な解釈の主体や思想が生まれています。

近現代において、キリスト教その他の宗教が経験したような宗教市場の自由化と、宗教的言論の発信者・「売り手」の多元化という事態は、イスラームもおなじように経験していることなのです。

では、この状況は今後どのように展開していくのでしょうか？　このまま多元化が続き、ウラマー的な言説は弱くなっていくのでしょうか？　それとも、何かしらの巻き返しがあるのでしょうか？

私見では、近年、宗教的言論の発信者・「売り手」が多元化する流れに抗して、イスラームの「公式モデル」の強化を求める動きが強まりつつあるように思います。

これには、さまざまなアクターの思惑が作用しています。

旧来のウラマーからすれば、自分たち以外の主体がイスラームの宗教的な解釈を担うようになることは当然好ましい事態ではありません。

特に、スンナ派のウラマー界の多数派であるアシュアリー学派とマートゥリーディー学派の系譜に連なる思弁神学派陣営のウラマーは、サラフ主義の伸張を抑え込みたいと考えています。ところで、サラフ主義のこれまでの拡大は、「ハディースの徒」の系譜に連なるウラマーだけではなく、近代においてイスラームの宗教テクストを直接参照して解釈するようになった、ウラマーではない知識人・説教師、あるいは「一般人」に負う部分も小さくありませんでした。こうした背景にかんがみれば、反サラフ主義のウラマーからすれば、ふたたび、宗教的言説の正統性をウラマーの解釈が担保する風潮が強まることは望ましいことです。なぜなら、ウラマーの数だけで比較すれば、サラフ主義者は未だ少数派だからです。

ムスリムが多数派を占める国の政府からしても、解釈の幅が広がり、さまざまな宗教的な教説が生まれてくる現状は、デメリットのほうが大きいと言えます。政府の反イスラーム性を糾弾する声が生まれやすく、取り締まりも難しくなるからです。

非ムスリムにとっても、現状においては、ムスリムの解釈をなるべく統一させることにはメリットが付随します。いわゆる「穏健派」のウラマーの言説をイスラームの「公式モデル」と位置づけることで、「過激派」に流れるムスリムを抑制することができますし、ムスリムの統一的な見解を確立するシステムを明瞭化すれば、講和、あるいは対話の路線と主体がはっきりするからです。

解釈の幅の拡大を縮小しようとする具体的な動きをいくつか挙げれば、たとえばつぎのものがあります。

ファトワーや説教の内容、教育機関で採用される教科書などの政府による管理は、ムスリム諸国で一般的に観察される現象です。エジプトのアズハル大学やファトワー省は、ファトワーの氾濫を阻止する目的で、エジプト国内のみならず、世界で布告されるファトワーをコントロールする意思を示しています。[62]マレーシアでは、政府が、宗教界が布告するファトワーとその有効性の有無を管理する強力な「ファトワー管理制度」が実現されています。[63]

世界各国の著名なウラマーがその活動に参加しているヨーロッパファトワー・研究会議は、ヨーロッパにおけるムスリムたちの公式見解の創出を自分たちの存在意義として理解していますし、非ムスリムからもその役割が期待されています。

また、現代におけるグローバルな問題についてファトワーが布告されるさいに、「集団イジュティハード」(イジュティハード・ジャマーイー：collective ijtihad) が重視される傾向にあることも、この文脈では注目に値するでしょう。「集団イジュティハード」とは、文字通り、ひとりのウラマーではなく、さまざまな専門家から構成される委員会で意見を出し合い、内容を調節したうえでひとつの結論を導き出すこと――具体的にはひとつのファトワーを布告すること――を意味します。さまざまな立場を調節してひとつのファトワーに落とし込むことで、意見の分裂が抑止される結果となります。

このような動きを見ると、今後、イスラームの宗教市場は、ふたたび「公式モデル」の強化に傾倒していく可能性が強いと言うことができます。現代イスラームの思想的論争は、やはり、本書の第二章・第三章でとりあげたような、ウラマーのあいだに存在する諸潮流の対立構造のなかで展開していく可能性が高いということです。ウラマー的な言説が、イスラーム思想の主戦場の地位を、当面は維持していくでしょう。

コラム⑤　イジュティハード

イジュティハードの語義は「努力すること」あるいは「(困難の伴う行為において)能力を尽くすこと」です。

イスラーム法学の専門用語としては、たとえば、「これ以上尽くすことができないと感じるまで、シャリーアの何らかの規定について、正しい公算が高いと思われる結論を求めることにおいて能力を尽くすこと」などと定義されます。

イジュティハードとはつまり、イスラーム法の規定を導き出すために、条件を具えた法学者が学的な努力を尽くすことを言います。

イジュティハードをおこなう者が具えるべき不可欠な条件には、次のようなものがあります――クルアーンについての深い知識／スンナについての深い知識／アラビア語についての深い知識／イジュマーウが成立した事柄についての知識／イスラーム法基礎学についての深い知識／シャリーアの目的についての深い知識／その時代の人々の生活についての知識／公正さ／畏怖心。

神学の知識／イスラーム法の個々の法規定についての知識／論理学の知識など、イジュティハードをおこなう条件であるか否かについて見解の相違があるものもあります。

イジュティハードがおこなわれる対象は、シャリーアの問題のうち、確定的・絶対的な典拠が存在しないものに限定されます。一日五回の礼拝が義務であることなど、確定的な典拠が存在することについては、イジュティハードはおこなわれ得ません。

イジュティハードをおこなう能力を持つ者を、ムジュタヒドと呼びます。ムジュタヒドは、歴史上途切れることなく地上に存在し続けるのか、あるいは、その存在が途切れることがあるのかについては、見解の相違があります。

イジュティハードによって得られた結論は、正しいこともあれば誤っていることもあります。イジュティハードによって誤った結論に至っても罪を負わず、反対に報奨を得、イジュティハードによって正しい結論に至った場合はその倍の報奨を得ると言われます。

▼さらに知りたい人のための次の一冊
飯塚正人『現代イスラーム思想の源流』（山川出版社）

あとがき

本書は、現代における「イスラーム過激派」と「イスラーム穏健派」の対立が、イスラーム内部の宗教的な視点から見たときにどういった性質を持つものとして位置づけられるのかという問題について、筆者なりの説明を試みたものです。

もちろん、思想的観点から見た「過激派」と「穏健派」の対立と言っても、さまざまな問題の切り取り方があるでしょう。本書では特に、日本で誤った説明・理解がなされることが多いポイント、そして、これまであまり丁寧に説明されてこなかったポイントに、特に着目したつもりです。

「ジハード」はほんとうにイスラームの教義のなかに存在する考え方なのか？　IS（イスラーム国）が「カリフ」制の復活を宣言したが、他のムスリムはどう考えるのか？「過激派」も「穏健派」もスンナ派のようだが、なぜおなじスンナ派同士で対立するのか？　そもそも彼らはどのような神学的な背景を持つのか？　なぜ「穏健派」のムスリムは「過激派」を「破門」しないのか？

本書によって、そういった問題を理解するためのひとつのヒントをお届けすることができたと思います。

また、序章では、日本の読者に向けて、イスラームという宗教の特徴を「酒がやめられないからムスリムにはなれない」はなぜ間違いなのか、という切り口から紹介することに挑戦しました。本書が、現代イスラームの争点について考えるきっかけになるだけではなく、日本の読者がイスラームという宗教自体について抱いているイメージに変化をもたらすような刺激を、多少なりとも与えることができたのであれば嬉しく思います。

本書は書下ろしです。

ただし、序章は松山洋平「ムスリム・マイノリティのためのイスラーム法学と神学」『イスラーム神学』（作品社、二〇一六年）、四六三―四九三頁、第二章は松山洋平『イスラーム神学』第一章、第四章は松山洋平「現代イスラーム思想における諸概念のポストモダン化に関する一考察――「イジュティハード」を例に」『言語・地域文化研究』第一七号（東京外国語大学大学院、二〇一一年）、一二七―一三八頁と、それぞれ重複する内容を含んでいます。

また本書は、JSPS 科研費 15K16630 の助成を受けた研究の結果を反映しています。

本書の編集をご担当下さった筑摩書房の橋本陽介様からは、本書のテーマの確定、および執筆にあたって、つねに的確なご助言を頂戴しました。また、橋本様に筆者を紹介して下さった作品社の福田隆雄様からは、執筆中に励ましのお言葉を頂戴しました。この場を借りて、御二人に深くお礼申し上げます。

シーア派	スンナ派に次ぐ勢力を持つ、イスラーム第二の宗派。シーア派内部でさらにいくつかの分派に分かれる。 スンナ派にとっての初代カリフから第三代カリフよりも、第四代カリフのアリーのほうが優れており、初代カリフにふさわしかったと考える分派や、初代カリフから第三代カリフをアリーのカリフ位を簒奪した背教者であると考える分派がある。
ジハード	→コラム④へ。
シャリーア	→コラム③へ。
宗教市場	宗教的言論を、宗教的言論の「売り手」と「買い手」の需給関係の中でやり取りされるものとして観察する見方を宗教市場理論と呼ぶ。宗教市場とは、「売り手」と「買い手」の間でおこなわれるやり取りのこと。
スンナ	慣行。非限定的に用いられる場合は、ムハンマドの言行を指すことが多い。
タクフィール	或る個人や集団、あるいは神学的な立場を、不信仰・不信仰者であると認めること、あるいは宣言すること。
解き結ぶ者たち	カリフ選出有資格者。ムスリムの中の重鎮によって構成される。
ハディース	ムハンマドや教友についての情報を伝える伝承。
ハディースの徒	神学的には、アシュアリー学派やマートゥリーディー学派のような思弁神学には与せずに、テクストの文言を主な典拠として信条を論じるべきだとする立場をいう。
ファトワー	イスラームにかかわる個別的な問題を問う質問に対して、ウラマーが提示する教義回答。
法学派（マズハブ）	特定の法学者を学祖と仰ぐ学者集団が依拠する、解釈の方法論や法的見解の総称。
マートゥリーディー学派	マートゥリーディーを学祖とする、スンナ派の思弁神学派。アブー・ハニーファ法学派に受容された。後期スンナ派の多数派の見解では、アシュアリー学派と並びスンナ派正統神学派とみなされる。
ムスリム	イスラーム教徒。アッラーに「帰依する者」。→コラム①も参照。
ムフティー	ファトワーを布告する法学者。国が任命する場合も多い。称号として用いる場合は、国定のムフティーであることを意味する。
ムハンマド	イスラームにおける最後の預言者。最後の啓典『クルアーン』を与えられた。

用語解説

IS	「イスラーム国」。「イラクとレバントのイスラーム国」を前身とするジハード主義組織。2014年6月、「イスラーム国」への改名と、同組織メンバーであるアブー・バクル・バグダーディーの「カリフ」就任を宣言した。 直訳すれば「イスラーム国」だが、イスラーム教一般への風評被害を恐れる一部の在日ムスリムなどが、「イスラーム国」との表記を使用しないようメディアに要請したため、2017年現在は、「IS」「ダーイシュ」「自称イスラーム国」「イスラミックステート」などと呼ばれることもある。
アシュアリー学派	アシュアリーを学祖とする、スンナ派の思弁神学派。主に、シャーフィイー法学派とマーリク法学派に受容された。後期スンナ派の多数派の見解では、マートゥリーディー学派と並びスンナ派正統神学派とみなされる。
アズハル大学	エジプト・イスラーム界の最高学府。世界的にも権威を持つ。
アル・カーイダ	汎スンナ派主義のジハード主義組織。2017年現在の指導者はアイマン・ザワーヒリー。アメリカ合衆国9.11同時多発テロなどを実行した組織とみられている。
イジュティハード	→コラム⑤へ。
イジュマーウ（合意）	ムスリムたちの合意。ムスリム全体の合意ではなく、法学者の合意や、特定の世代の合意を指す場合もある。
ウラマー	イスラームの知識を持つ者。宗教知識人。学者。
カリフ	ムスリム共同体の政治的な指揮権を持ち、ムスリムの土地を治める、イスラーム法的に正統性を認められた統治者。「イマーム」とも呼ばれる。
教友（サハーバ）	ムハンマドと同時代を生きたムスリム。イスラーム第一世代。定義はさまざまで、狭義にはムハンマドと特に近しかった者だけを指す。
クルアーン	→コラム②へ。
（宗教の）「公式モデル」	社会のなかに確立された、或る宗教のスタンダードな形態、ありかたのこと。
サラフ	「先達」の意。通常、正道を歩んだイスラーム初期のムスリムを指す。どの世代までを「サラフ」に含めるかは諸説ある。

注

1　「術の宗教」と「信の宗教」を対比させる見方は、西山茂氏の研究から着想を得たものです。西山茂「現代の宗教運動――〈霊＝術〉系新宗教の流行と「2つの近代化」」大村英昭・西山茂編『現代人の宗教』有斐閣、一九八八年、一六九―二一〇頁。
2　本書におけるクルアーンの日本語訳の引用部分は、中田考監修『日亜対訳　クルアーン』作品社、二〇一四年を基礎とし、筆者が訳し直したものです。
3　（宗）日本イスラーム文化センター「イスラーム国における日本人人質事件について」、二〇一五年（http://www.islam.or.jp/2015/01/23/20150123/：二〇一七年七月三〇日最終閲覧）。
4　https://www.facebook.com/islam.japan/posts/802492113156463（二〇一七年七月三〇日最終閲覧）。
5　http://jmaweb.net/info/823518（二〇一七年二月一四日最終閲覧）。
6　http://www.ahmadiyya-islam.org/jp/ プレスリリース／日本アハマディア・ムスリム協会は「イスラム国／（二〇一七年七月三〇日最終閲覧）。
7　http://www.alifta.net/Search/ResultDetails.aspx?languagename=ar&lang=ar&view=result&fatwaNum=&FatwaNumID=&ID=8420&searchScope=3&SearchScopeLevels1=&SearchScopeLevels2=&highLight=1&SearchType=exact&SearchMoesar=false&bookID=&LeftVal=0&RightVal=0&simple=&SearchCriteria=allwords&PagePath=&siteSection=1&searchkeyword=216167217132216174217132#firstKeyWordFound（二〇一七年七月三〇日最終閲覧）。
8　Yūsuf al-Qaraḍāwī, *Fī Fiqh al-Aqalliyāt al-Muslimah*, Cairo: Dār al-Shurūq, 2005, pp. 135-140.
9　http://www.youm7.com/story/2016/8/28/2861805/نشرتوصيات-مؤتمر-أهل-السنة-والجماعة-المنعقد-في-الشيشان（二〇一七年七月三〇日最終閲覧）。
10　http://arabic.cnn.com/middleeast/2016/11/19/azhar-grozny-conference-islam（二〇一七年七月三〇日最終閲覧）。
11　ただし、礼拝がかならずしも四回に分けられていたわけではありません。一二世紀の旅行家イブン・ジュバイルによれば、当時は、スンナ派のなかではシャーフィイー学派が最初に礼拝をし、次いでマーリク学派とイブン・ハンバル学派が同時に（しかし、別々に）、最後にアブー・ハニーファ学派がおこなっていたと言います。時間的余裕の少ないマグリブの礼拝（日没後の礼拝）については、四法学派が同時に（別々の）礼拝をおこなう姿が見られると書き記しています（イブン・ジュバイル『イブン・ジュバイルの旅行記』藤本勝次・池田修監訳、講談社学術文庫、二〇〇九年、一二二―一二五頁）。

12 存在一性論とは、「すべてを超越した根本原理を存在（ウジュード）と呼び、この存在が顕現することで万物が現れるとする思想的立場」（東長靖「存在一性論」大塚和夫他編『岩波 イスラーム辞典』岩波書店、二〇〇二年、五八八頁）。

13 サラフ主義内部の類型化は、それをおこなう論者の関心に応じて当然変わってきます。Daniel Lav, *Radical Islam and the Revival of Medieval Theology*, New York: Cambridge University Press, 2012, 120ff.

14 なお、タワッスルをめぐっては、どのような意図でそれをおこなうのか、どのような対象についておこなうのか、どのような言葉によっておこなうのかなど、じつにさまざまな議論のポイントがあり、その各々の問題についてのワッハーブ派、および非ワッハーブ派の陣営の見解は複雑です。ワッハーブ派も、タワッスルという概念自体を非限定的に禁じるわけではありませんが、本書ではそれらの細かい問題には踏み込みません。

15 日本では、イブン・タイミーヤの特徴としてシーア派や存在一性論に対する攻撃が挙げられることもありますが、シーア派が逸脱した非正統の宗派であるのはスンナ派の合意事項ですし、存在一性論への批判は学派を問わずさまざまな時代・地域の学者によっておこなわれてきました。そのため、そうした点は、イブン・タイミーヤの思想的特徴として過度に強調する必要はありません。

16 Sulaymān b. ʿAbd al-Wahhāb al-Najdī, *al-Ṣawāʿiq al-Ilāhīyah fī al-Radd ʿalā al-Wahhābīyah*, Istanbul: al-Maktabah Ishīq, 1979.

17 al-Sayyid Aḥmad b. al-Sayyid Zaynī Daḥlān, *al-Durar al-Sanīyah fī al-Radd ʿalā al-Wahhābīyah*, Damascus: Maktabah al-Aḥbāb, 2003.

18 Ḥasan al-Shaṭṭī al-Ḥanbalī, *al-Nuqūl al-Sharʿīyah fī al-Radd ʿalā al-Wahhābīyah*, Damascus: Dār Ghār Ḥirāʾ, 1997.

19 Dāwūd b. al-Sayyid Sulaymān al-Baghdādī al-Naqshbandī al-Khālidī, *al-Minḥah al-Wahbīyah fī Radd al-Wahhābīyah*, Istanbul: Maktabah al-Ḥaqīqah, 2000.

20 http://www.draligomaa.com/index.php/%D8%A7%D9%84%D9%81%D8%AA%D8%A7%D9%88%D9%89/%D8%B9%D9%82%D8%A7%D8%A6%D8%AF/item/1629（二〇一七年七月三〇日最終閲覧）。

21 Yūsuf al-Qaradāwī, *Dirāsah fī Fiqh Maqāṣid al-Sharī‘ah*, Cairo: Dār al-Shurūq, 2007, p. 19.
22 中田考『イスラーム法の存立構造――ハンバリー派フィクフ神事編』ナカニシヤ出版、二〇〇三年、六頁。
23 Ayman al-Ẓawāhirī, *Tawjīhāt ‘Āmmah li al-‘Amal al-Jihādī*, 2012-2013, pp. 3-4.
24 al-Ittiḥād al-‘Ālamī li ‘Ulamā’ al-Muslimīn, “al-Ittiḥād Yu’akkidu anna I‘lān al-Khilāfah al-Islāmīyah min qibal Tanẓīm al-Dawlah bi al-‘Irāq Yaftaqidu li Ayy Ma‘āyīr Shar‘īyah wa Wāqi‘īyah,” 2014 (http://iumsonline.org/ar/aboutar/newsar/829/：二〇一七年七月三〇日最終閲覧)。
25 塩尻和子「ジハードとは何か――クルアーンの教義と過激派組織の論理」塩尻和子編著『変革期イスラーム社会の宗教と紛争』明石書店、二〇一六年、四二―四三頁。なお塩尻氏は、自説の傍証としてイスラーム政治哲学が専門の中田考氏の言葉を引用しているが、中田氏の主旨は、ダール・イスラーム（イスラーム圏）を拡大する戦いもジハードの一種であるが、その発動にはカリフの命令が必要であり、カリフ不在の現時点では、ジハードは自衛戦争に限定される、というものです（中田考『イスラーム　生と死と聖戦』集英社新書、二〇一五年、一二八―一二九頁）。これを塩尻氏は、ジハードとは本来的に専守防衛の自衛戦争のみを指す、との主旨に解していますが、この読み替えには無理があるでしょう。
26 渥美堅持『イスラーム基礎講座』東京堂出版、二〇一五年、三〇五頁。
27 Yūsuf al-Qaradāwī, *Fiqh al-Jihād*, Cairo: Maktabah Wahbah, 2009, vol. 1, p. 410.
28 Muḥammad Sa‘īd Ramaḍān al-Būṭī, *Fiqh al-Sīrah al-Nabawīyah*, Beirut: Dār al-Fikr al-Mu‘āṣir, 1991, p. 186.
29 al-Būṭī, *Fiqh al-Sīrah al-Nabawīyah*, p. 186.
30 al-Būṭī, *Fiqh al-Sīrah al-Nabawīyah*, p. 187.
31 al-Būṭī, *Fiqh al-Sīrah al-Nabawīyah*, p. 187.
32 al-Būṭī, *Fiqh al-Sīrah al-Nabawīyah*, p. 187.
33 Wahbah al Zuḥaylī, *Āthār al-Ḥarb fī al-Fiqh al-Islāmī*, Damascus: Dār al-Fikr, 1998, pp. 93-94.
34 al-Zuḥaylī, *Āthār al-Ḥarb fī al-Fiqh al-Islāmī*, pp. 94-96, note 4 in p. 95.
35 Ibn al-Naḥḥās, *Mashāri‘ al-Ashwāq ilā Maṣāri‘ al-‘Ushshāq*, Amman: Dār al-‘Ulūm, 2003, p. 370; Muḥammad Khayr Haykal, *al-Jihād wa al-Qitāl fī al-Siyāsah al-Shar‘īyah*, Beirut: Dār al-Bayāriq, 1996, vol. 2, pp. 1245-1263.
36 Haykal, *al-Jihād wa al-Qitāl fī al-Siyāsah al-Shar‘īyah*, vol. 2, pp. 1264-1268; Ibn al-Naḥḥās, *Mashāri‘ al-Ashwāq ilā*

Maṣāri' al-'Ushshāq, p. 370. なお、中田考氏は、「『ハディース』においては、敵を焼き殺すことは禁じられています。ところが、現代の戦争で用いられる兵器は、（中略）人を焼き殺すものばかりです。（中略）つまり、大量破壊兵器を用いる現代の戦争は、あからさまにイスラームの倫理に反するのです」（中田考『イスラーム　生と死と聖戦』二九頁）と書いています。しかし、ここで中田氏は、「個人を火刑で処刑することの禁止の議論」と「ジハードにおける火攻めの是非の議論」とを混同しているのではないかと私は考えます。もっとも、前者の議論から後者の議論を類推し、「火攻めは、可能であれば避けたほうが好ましい」という議論はあるのですが、禁止・忌避されるとまでは言われません。Fayṣal b. 'Abd al-'Azīz Āl Mubārak, *Taṭrīz Riyāḍ al-Ṣāliḥīn*, Riyadh: Dār al-'Āṣimah, 2002, pp. 899-901. ただ、中田氏に似たスタンスで、人道的な理由から「核兵器」「化学兵器」「細菌兵器」の使用がイスラームにおいては禁じられるという議論は存在します。Wahbah al-Zuḥaylī, *Aḥkām al-Ḥarb fī al-Islām*, Damascus: Dār al-Maktabī, 2000, p. 20.

37　イジュティハードの意味は、非常に大きくわけて二つあります。ひとつは、本文で書いたように、法規定を「演繹する」ことをイジュティハードとする定義です。これとは異なり、法規定を適切に「適用する」ことをイジュティハードと呼ぶ例もあります（この意味でのイジュティハードは、法規定演繹の意味でのイジュティハードよりもより容易におこなうことができます）。本書では、第一の意味――すなわち、法規定の演繹としてのイジュティハード――に焦点を絞って話を進めます。

38　Ibn 'Ābidīn, *Radd al-Muḥtār 'alā al-Durr al-Mukhtār Sharḥ Tanwīr al-Abṣār*, Beirut: Dār al-Kutub al-'Ilmīyah, 2011, vol. 1, pp. 179-181.

39　Ibn 'Ābidīn, *Radd al-Muḥtār 'alā al-Durr al-Mukhtār Sharḥ Tanwīr al-Abṣār*, vol. 1, pp. 179-181. ただし、個々の学者名については、この分類では不適当だとの異論や、各位階の定義の詳細についての異論は同法学派内にも存在します。'Abd al-Ḥayy al-Laknawī, *'Umdah al-Ri'āyah 'alā Sharḥ al-Wiqāyah*, Beirut: Dār al-Kutub al-'Ilmīyah, 2009, vol. 1, pp. 33-39.

40　Abū al-Ma'ālī al-Juwaynī, *Kitāb al-Ijtihād min Kitāb al-Talkhīṣ li Imām al-Ḥaramayn*, Damascus: Dār al-Qalam, 1987, p. 130.

41　Sa'd b. Nāṣir b. 'Abd al-'Azīz al-Shithrī, *al-Taqlīd wa Aḥkāmu-hu*, Riyadh: Dār al-Waṭan, 1995/6, p. 35.

42　Yusuf al-Qaraḍāwī, *al-Ijtihād fī al-Sharī'ah al-Islāmīyah*, Cairo: Dār al-Qalam, 1996, p. 114.

43 以下、Yusuf al-Qaraḍāwī, *al-Ijtihād fī al-Sharī'ah al-Islāmīyah*, pp. 114ff.

44 Shaykh Taha Jabir Al-Alwani, *Issues in Contemporary Islamic Thought*, Herndon: IIIT, 2005, pp. 71ff.

45 Ṭāhā Jābir al-'Alwānī, *Iṣlāḥ al-Fikr al-Islāmī: Madkhal ilā Naẓm al-Khiṭāb fī al-Fikr al-Islāmī al-Mu'āṣir*, Herndon: IIIT, 2009, pp. 71–76.

46 al-'Alwānī, *Iṣlāḥ al-Fikr al-Islāmī: Madkhal ilā Naẓm al-Khiṭāb fī al-Fikr al-Islāmī al-Mu'āṣir*, p. 70.

47 Al-Alwani, *Issues in Contemporary Islamic Thought*, p. 21.

48 Al-Alwani, *Issues in Contemporary Islamic Thought*, pp. 132–133.

49 Ziauddin Sardar, *Postmodernism and the Other*, London: Pluto Press, 1998, pp. 280–281.

50 Fazlur Rahman, *Islamic Methodology in History*, Islamabad: Islamic Research Institute, 1995; Santi Rozario, "Community and resistance: Muslim women in contemporary societies," in Tess Cosslett, Alison Easton and Penny Summerfield ed., *Women, Power and Resistance: An Introduction to Women's Studies*, Buckingham: Open University Press, 1996, p. 213.

51 Muḥammad Shaḥrūr, *al-Kitāb wa al-Qur'ān: Qirā'ah Mu'āṣirah*, Damascus: al-Ahālī, n. d., p. 473.

52 Shaḥrūr, *al-Kitāb wa al-Qur'ān: Qirā'ah Mu'āṣirah*, p. 473.

53 Muḥammad Sa'īd al-'Ashmāwī, *al-Islām al-Siyāsī*, Cairo: Maktabah Madbūlī al-Ṣaghīr, 1996.

54 Tariq Ramadan, *Radical Reform: Islamic Ethics and Liberation*, New York: Oxford University Press, 2009.

55 Tariq Ramadan, "An International call for Moratorium on corporal punishment, stoning and the death penalty in the Islamic World," 2005（http://tariqramadan. com/an-international-call-for-moratorium-on-corporal-punishment-stoning-and-the-death-penalty-in-the-islamic-world/：二〇一七年七月三〇日最終閲覧）。

56 Ṣalāḥ Sulṭān, "Lā Budd min al-Tarayyuth," 2005（https://web.archive.org/web/20080213052557/http://www.islamonline.net:80/arabic/contemporary/2005/06/article03i.shtml：二〇一七年七月三〇日最終閲覧）。

57 Aḥmad al-Rāwī, "Nidā' 'Aqīm," 2005（https://web.archive.org/web/20080131225349/http://www.islamonline.net:80/Arabic/contemporary/2005/06/article03h.shtml：二〇一七年七月三〇日最終閲覧）。

58 Ṭāhā Jābir al-'Alwānī, "Ifti'āt ghayr Maqbūl," 2005（https://web.archive.org/web/20080131225344/http://www.islamonline.net:80/Arabic/contemporary/2005/06/article03g.shtml：二〇一七年七月三〇日最終閲覧）。

59 Dale F. Eickelman and James Piscatori, *Muslim Politics*, Princeton: Princeton University Press, 1996, p. 131.
60 小杉泰『現代イスラーム世界論』名古屋大学出版会、二〇〇六年、七六頁。
61 Fu'ād Maṭar, *Alf Fatwā.. wa Fatwā! Muslimūn fī Mahabb Fawḍā al-Fatāwā*, Beirut: al-Dār al-'Arabīyah li al-'Ulūm, 2009; Usāmah 'Umar al-Ashqar, *Fawḍā al-Iftā'*, Ammān: Dār al-Nafā'is, 2009.
62 Mai Shams El-Din "Dar al-Ifta aims to control fatwas worldwide," 2015 (https://www.madamasr.com/en/2015/08/19/feature/politics/dar-al-ifta-aims-to-control-fatwas-worldwide/：二〇一七年七月三〇日最終閲覧)。
63 塩崎悠輝『国家と対峙するイスラーム――マレーシアにおけるイスラーム法学の展開』作品社、二〇一六年。

主要参考文献

渥美堅持『イスラーム基礎講座』東京堂出版、二〇一五年
アル＝マーワルディー『統治の諸規則』湯川武訳、慶應義塾大学出版会、二〇〇六年
飯塚正人『現代イスラーム思想の源流』山川出版社、二〇〇八年
大塚和夫他編『岩波 イスラーム辞典』岩波書店、二〇〇二年
小杉泰『現代イスラーム世界論』名古屋大学出版会、二〇〇六年
佐藤優『佐藤優の「地政学リスク講座2016」日本でテロが起きる日』時事通信社、二〇一五年
塩﨑悠輝編著『マイノリティ・ムスリムのイスラーム法学』日本サウディアラビア協会、二〇一二年
塩崎悠輝『国家と対峙するイスラーム――マレーシアにおけるイスラーム法学の展開』作品社、二〇一六年
塩尻和子編著『変革期イスラーム社会の宗教と紛争』明石書店、二〇一六年
中田考『イスラーム　生と死と聖戦』集英社新書、二〇一五年
中田考『イスラーム入門――文明の共存を考えるための99の扉』集英社新書、二〇一七年
西山茂「現代の宗教運動――〈霊＝術〉系新宗教の流行と「2つの近代化」」大村英昭・西山茂編『現代人の宗教』有斐閣、一九八八年、一六九―二一〇頁
福井康太『法理論のルーマン』頸草書房、二〇〇二年
松山洋平「「知識のイスラーム化」論の思想的展開――イスマーイール・アル＝ファールーキーとターハー・アル＝アルワーニーを例に」『イスラム世界』第七七号、一―三〇頁、二〇一一年
松山洋平「現代イスラーム思想における諸概念のポストモダン化に関する一考察――「イジュティハード」を例に」『言語・地域文化研究』第一七号、二〇一一年、一二七―一三八頁
松山洋平「現代イスラーム法思想の概念的検討――ムスリム・マイノリティ法学がイスラーム法学に提起する問題を中心に」東京外国語大学大学院総合国際学研究科、博士論文、二〇一三年
松山洋平『イスラーム神学』作品社、二〇一六年
ラートブルフ『ラートブルフ著作集第1巻　法哲学』田中耕太郎訳、東京大学出版会、一九六一年

N・ルーマン『法社会学』村上淳一・六本佳平訳、岩波書店、一九七七年
ワーイル・ハッラーク『イジュティハードの門は閉じたのか――イスラーム法の歴史と理論』奥田敦編訳、慶應義塾大学出版会、二〇〇三年
'Abd al-Fattāḥ b. Ṣāliḥ Qudaysh al-Yāfi'ī, *al-Tawassul bi al-Ṣāliḥīn bayn al-Mujīzīn wa al-Māni'īn*, Amman: Dār al-Nūr al-Mubīn, 2015.
'Abd al-Ḥayy al-Laknawī, *'Umdah al-Ri'āyah 'alā Sharḥ al-Wiqāyah*, Beirut: Dār al-Kutub al-'Ilmīyah, 2009.
Abū al-Ma'ālī al-Juwaynī, *Kitāb al-Ijtihād min Kitāb al-Talkhīṣ li Imām al-Ḥaramayn*, Damascus: Dār al-Qalam, 1987.
Ayman al-Ẓawāhirī, *Tawjīhāt 'Āmmah li al-'Amal al-Jihādī*, 2012–2013.
Dale F. Eickelman and James Piscatori, *Muslim Politics*, Princeton: Princeton University Press, 1996.
Daniel Lav, *Radical Islam and the Revival of Medieval Theology*, New York: Cambridge University Press, 2012.
Dāwūd b. al-Sayyid Sulayān al-Baghdādī al-Naqshbandī al-Khālidī, *al-Minḥah al-Wahbīyah fī Radd al-Wahhābīyah*, Istanbul: Maktabah al-Ḥaqīqah, 2000.
Ehsan Masood (ed.), *How Do You Know: Reading Ziauddin Sardar on Islam*, Science and Cultural Relations, London: Pluto Press, 2006.
Fayṣal b. 'Abd al-'Azīz Āl Mubārak, *Taṭrīz Riyāḍ al-Ṣāliḥīn*, Riyadh: Dār al-'Āṣimah, 2002.
Fazlur Rahman, *Islamic Methodology in History*, Islamabad: Islamic Research Institute, 1995.
Ḥasan al-Shaṭṭī al-Ḥanbalī, *al-Nuqūl al-Shar'īyah fī al-Radd 'alā al-Wahhābīyah*, Damascus: Dār Ghār Ḥirā', 1997.
Ibn 'Ābidīn, *Radd al-Muḥtār 'alā al-Durr al-Mukhtār Sharḥ Tanwīr al-Abṣār*, Beirut: Dār al-Kutub al-'Ilmīyah, 2011.
Ibn Ḥumayd al-Najdī al-Ḥanbalī, *al-Ṣuḥub al-Wābilah 'alā Ḍarā'iḥ al-Ḥanābilah*, Maktabah al-Imām Aḥmad, n.d.
Ibn al-Naḥḥās, *Mashāri' al-Ashwāq ilā Maṣāri' al-'Ushshāq*, Amman: Dār al-'Ulūm, 2003.
Ibn Taymīyah, *Qā'idah Jalīlah fī al-Tawassul wa al-Wasīlah*, Riyadh: al-Idārah al-'Āmmah, 1999.
Ibrāhīm al-Samnūdī al-'Aṭṭār, *Sa'ādah al-Dārayn fī al-Radd 'alā al-Farīqayn al-Wahhābīyah wa Muqallidah al-Ẓāhirīyah*, Cairo: Dār al-Khulūd li al-Turāth, n.d.
Islamic State, *DABIQ*, vol. 6, 2015.
Muḥammad Khayr Haykal, *al-Jihād wa al-Qitāl fī al-Siyāsah al-Shar'īyah*, Beirut: Dār al-Bayāriq, 1996.

Muḥammad Sa'īd al-'Ashmāwī, *al-Islām al-Siyāsī*, Cairo: Maktabah Madbūlī al-Ṣaghīr, 1996.
Muḥammad Sa'īd Ramaḍān al-Būṭī, *Fiqh al-Sīrah al-Nabawīyah*, Beirut: Dār al-Fikr al-Mu'āṣir, 1991.
Muḥammad Sa'īd Ramaḍān al-Būṭī, *al-Jihād fī al-Islām: Kayfa Nafhamu-hu wa Kayfa Numārisu-hu?* Damascus: Dār al-Fikr, 1993.
Muḥammad Shaḥrūr, *al-Kitāb wa al-Qur'ān: Qirā'ah Mu'āṣirah*, Damascus: al-Ahālī, n.d.
Sa'd b. Nāṣir b. 'Abd al-'Azīz al-Shithrī, *al-Taqlīd wa Aḥkāmu-hu*, Riyadh: Dār al-Waṭan, 1995/6.
al-Sayyid Aḥmad b. al-Sayyid Zaynī Daḥlān, *al-Durar al-Sanīyah fī al-Radd 'alā al-Wahhābīyah*, Damascus: Maktabah al-Aḥbāb, 2003.
Shaykh Taha Jabir Al-Alwani, *Issues in Contemporary Islamic Thought*, Herndon: IIIT, 2005.
Sulaymān b. 'Abd al-Wahhāb al-Najdī, *al-Ṣawā'iq al-Ilāhīyah fī al-Radd 'alā al-Wahhābīyah*, Istanbul: al-Maktabah Īshīq, 1979.
Ṭāhā Jābir al-'Alwānī, *Iṣlāḥ al-Fikr al-Islāmī: Madkhal ilā Naẓm al-Khiṭāb fī al-Fikr al-Islāmī al-Mu'āṣir*, Herndon: IIIT, 2009.
Tariq Ramadan, *Radical Reform: Islamic Ethics and Liberation*, New York: Oxford University Press, 2009.
Wahbah al-Zuḥaylī, *Āthār al-Ḥarb fī al-Fiqh al-Islāmī*, Damascus: Dār al-Fikr, 1998.
Yusuf al-Qaraḍāwī, *al-Ijtihād fī al-Sharī'ah al-Islāmīyah*, Cairo: Dār al-Qalam, 1996.
Yūsuf al-Qaraḍāwī, *Fī Fiqh al-Aqallīyāt al-Muslimah*, Cairo: Dār al-Shurūq, 2005.
Yūsuf al-Qaraḍāwī, *Fiqh al-Jihād*, Cairo: Maktabah Wahbah, 2009.
Ziauddin Sardar, *Postmodernism and the Other*, London: Pluto Press, 1998.

ちくま新書
1285

イスラーム思想《しそう》を読《よ》みとく

二〇一七年一〇月一〇日　第一刷発行

著　者　松山洋平（まつやま・ようへい）
発行者　山野浩一
発行所　株式会社 筑摩書房
東京都台東区蔵前二-五-三　郵便番号一一一-八七五五
振替〇〇一六〇-八-四一二三
装幀者　間村俊一
印刷・製本　株式会社 精興社

乱丁・落丁本の場合は、左記宛にご送付ください。
送料小社負担でお取り替えいたします。
ご注文・お問い合わせも左記へお願いいたします。
〒三三一-八五〇七　さいたま市北区櫛引町二-六〇四
筑摩書房サービスセンター　電話〇四八-六五一-〇〇五三

ISBN978-4-480-06989-4 C0214

ちくま新書

744 宗教学の名著30　島薗進
哲学、歴史学、文学、社会学、心理学など多領域から宗教理解、理論の諸成果を取り上げ、現代における宗教的なものの意味を問う。深い人間理解へ誘うブックガイド。

1098 古代インドの思想 ――自然・文明・宗教　山下博司
インダス文明の謎とヒンドゥー教の萌芽。アーリヤ人侵入とヴェーダの神々。ウパニシャッドから仏教・ジャイナ教へ……。多様性の国の源流を、古代世界に探る。

1080 「反日」中国の文明史　平野聡
文明への誇り、日本という脅威、社会主義と改革開放、矛盾した主張と強硬な姿勢……。驕る大国の本質を悠久の歴史に探り、問題のありかと日本の指針を示す。

1201 入門　近代仏教思想　碧海寿広
近代日本の思想は、西洋哲学と仏教の出会いの中に生まれた。井上円了、清沢満之、近角常観、暁烏敏、倉田百三らの思考を掘り起こし、その深く広い影響を解明する。

1048 ユダヤ教　キリスト教　イスラーム ――一神教の連環を解く　菊地章太
一神教が生まれた時、世界は激変した！「平等」「福祉」「不寛容」などを題材に三宗教のつながりを分析し、現代の底流にある一神教を読み解く宗教学の入門書。

956 キリスト教の真実 ――西洋近代をもたらした宗教思想　竹下節子
ギリシャ思想とキリスト教の関係を検討し、近代ヨーロッパが覚醒する歴史を辿る。キリスト教という合せ鏡をとおして、現代世界の設計思想を読み解く探究の書。

1215 カトリック入門 ――日本文化からのアプローチ　稲垣良典
日本文化はカトリックを受け入れられるか。日本的霊性と超越的存在の問題から、カトリシズムの本質に迫る。中世哲学の第一人者による待望のキリスト教思想入門。